天が教えてくれた幸せの見つけ方

岡本彰夫

幻冬舎文庫

はじめに

神道とは悠《とお》くて広くて深いもの。

日本人が日本列島に住みついて、約二万年をかけて醸成し、理想の姿を追い求めた信仰の精華といえましょう、故にわからぬことが山ほどあるのです。

それを読み解くには、自然・歴史・文学・民俗・芸能・芸術など、あらゆる事柄を究《きわ》めたうえでないと、わからないといいます。

江戸時代の観相家・水野《みずの》南北《なんぼく》先生は、日本相学中興の祖と仰がれ、『南北《なんぼく》相法《そうほう》』という相学の名著を遺《のこ》しておられます。

その人が、ある種の統計学ともいうべき相法で明らかにこうなると判断したことで的中せぬことがある。自らが最高と思って生涯をかけ、研究に没頭した相学を、はるかに超える何かがあることに気づかれて、成った著述が『南北相法極意《ごくい》・相法脩身録《そうほうしゅうしんろく》』だと、私は考えています。

言い伝えでは、南北先生は伊勢の外宮《げくう》にお籠《こ》もりして、天啓、つまり神様から与えられたヒラメキがあって開眼したのが、食の大切さであったといいます。

外宮様は御饌都神《みけつかみ》として、あらゆる生命を保つ「食」を司《つかさど》られる神様です。観相と食のつながりは唐突ですが、人を幸せにしようとする先生の真心が通じて、天から授けられ、教えられたものかもしれません。

江戸時代のようにつつましやかな時代でも、この書籍が大切な意味を持ったわけですが、現在ならなおさらでしょう。

今や「飽食」の時代、片やあり余る食材を惜しげもなく捨て、片や世界で多くの人が飢え死にをしている。こんなときにこそ、『脩身録』がもっと大切な意味を持つのではないでしょうか。日本人が神様から頂戴《ちょうだい》した「物」として貴《とうと》んできた「食」をはじめ、ここ何十年かで何のためらいもなく捨て去ってしまった価値観の中に、もう一度拾い上げねばならない大切なものがたくさんあるはずです。

私は小さいときから、手を合わせることを大切にする家に育ち、長じて神主を志し、ご縁あって春日様にお召しいただき、三十八年間宮仕えをさせていただきました。幼い頃から祖母や母に教えられた目に見えぬ世界への畏敬の念や食の大切さといったものが、今のこの時代に失われつつあることが悲しくてなりません。そんな中で、この本と出合い、神道を読み解く一つのよすがとして没頭していったのです。

今から三十年以上も前に『脩身録』の中から心に響いた語句を抜き書きして座右の銘としていたものに、私なりの解説や気づきを付し、ときには心に思うことを『脩身録』から少し離れて書き加えたものが本書です。

神道とは何かと問われれば、「真情の発露」だと思っています。

人としての感動・悲嘆・歓喜・畏怖が素直に、神仏への尊崇へと進んできた。それが神道ではないでしょうか。故に教理・経典といった存在を許さず、神様と人との間が大層近いのです。

貞明皇后（大正天皇妃）様が次のような御歌《みうた》を詠《よ》まれています。

きりすとも釈迦も孔子も敬《いやま》ひて
拝《おろが》む神の道ぞ尊《たふと》き

あらゆる宗教の根源、人類共通の営みである神を敬うという行為の大切さを、身をもって、心をもって、形をもって継承してきた「神道」は簡単に説き尽くせず、表し尽くせませんが、「人の活《い》きる道」がここに込められているのです。

富士山への登り口は、吉田口もあれば須走《すばしり》もある、御殿場もあれば富士宮口もあるように、何かを究めた人が、それぞれの登り口から歩みを進めれば、やがて頂上が見えてくるのではないでしょうか。「この世でおこったことは、必ずこの世で解決できる」と教えられて育ちました。

一日も早く平穏で幸せに暮らせる世の中に、みんなでしていかねばならないと、ひたすら念じ続けています。

天が教えてくれた幸せの見つけ方　目次

第一章　神様が持たせてくれた幸せの弁当箱

第二章 自分の役割を知る人が成功できる

第三章 物を大切にすると運が良くなる

余章

神主のひとりごと
より良い活き方をするために

写真撮影　野原勤
協力　堀内みさ
デザイン・DTP　美創
編集協力　ヴュー企画

第一章

神様が持たせてくれた幸せの弁当箱

私たちは誰でも、知らないうちに神様に助けられています

○天に無禄《むろく》の人を生ぜずといえり。（『南北相法極意・相法脩身録』原文引用・以下同様）

江戸時代に、水野南北先生という相学者がいました。相学者とは、「人相見」です。先生が一生を費やして、どうすれば人は幸せになれるのか、運を開くことができるのかを追求し、世に遺された本が、五冊から成る『南北相法極意・相法脩身録』なのです。

この本の初めに「天に無禄の人を生ぜず」とあるように、先生は「食を大

切にせよ」ということを、大きな眼目としていました。

私たちがオギャーと生まれてくるときに、天はすべての人が幸せになるための「物」や「事」を用意してくださる。人は誰でも、それを持ってこの世に生まれてくるのです。

神様は「この人は一生のうちにこれだけのお米を食べ、これだけのお酒を飲み、何着の服を着て、何枚の紙を使える」など、食や物を保障してくださっている。だからこの世に「食べていけない」人はいない、ということです。

神様は私たち一人ひとりに見合った、幸せの弁当箱を持たせてくださいます。

この弁当箱は、私たちが生きている限り大事にしていかなければならないものです。食べ物を粗末にしたり、むやみに食べすぎてはいけません。後や先を考えずに早弁をすると、肝心なときに食べる物がなくなり、お腹《なか》をすかせることになります。

これは食べ物だけに限ったことではありません。苦楽もそうでしょう。もし一生のうちに、その人が苦労しなければならない分量というものがあるとすれば、若いうちにセッセと苦労すると老いてから幸せになり、逆に若いうちに楽しみを尽くしてしまえば、あとは苦労しか残っていないということになります。

天からいただいた弁当箱は無限ではありません。人としての努力や精進が必要です。そして、この弁当箱がある限り、天は必ず私たちをご覧になっているのです。

「私さえ良ければいい」という考えはいけません。「人様のために」と考えて行動する人には、必ずそのお褒《ほ》めが天からあります。

しかし、結果を求めて行動してはなりません。心から「人様がお幸せに」と思ってする純真な行為にこそ、天のお褒めがあるのです。

人生という
長い旅路に送り出すとき、
神様は幸せの弁当箱を
持たせてくださる

この世に食べていけない人、はいない

天に食べ物を返す人は長生きできます

○天よりあたうる所の食物はことごとくその極りあり。
○おのれが食天に極りあるを以《もっ》て無禄の人を生ぜずという。これを以て人は天禄を得るという。

私は母子家庭に育ちました。正確にいえば、祖母と母と私の三人暮らしです。祖母は私にとって、父親代わりの存在でした。母は家計を支えるため働きに行きますから、必然的に、幼い私は祖母の膝下《しっか》で育《はぐく》まれていったのです。

この祖母が、いつも変わったことをしていました。

当時（昭和三十年代）は、ごはんはまだ釜で炊いていましたが、祖母は何日かに一度、菜っ葉の切れ端やイカキ（関西ではカゴのことをイカキといいます）に残った少量のごはん粒を集め、私の手を引いて、家から数百メートルも離れた農家の小さな鶏小屋へ出かけました。そして、その飯粒や葉の切れ端を鶏に与えると、また私の手を引いて家へ戻るのです。私が三、四歳頃の思い出です。

私は子供心に、なぜ祖母がこのようなことをするのかわからず、あるとき尋ねました。「おばあちゃん、何でこんなことをすんの？」と。すると祖母は、即座に「ミョウガに悪いからや」と、ただそれだけいって、黙々と私の手を引いて歩いたのです。そのときの光景は、今も鮮明に脳に刻まれています。

「ミョウガ」とは何か？　この訳もわからぬ「ミョウガ」の存在に、私は小さいときから悩まされ続けました。

小学生になり、『東海道中膝栗毛』で、主人公の弥次さんと喜多さんを物忘れさせるため、宿の主人が「茗荷《みょうが》」の味噌汁をたくさん食べさせる件《くだり》を読んだときは、これが祖母のいっていた「ミョウガ」かと、勝手に合点していたものです。

そうではなくて「ミョウガ」が「冥加」であることを理解できたのは、年長《た》けて神主を目指してからのことでした。

「冥加」の「冥」は、「冥土《めいど》」の「冥」です。つまり「見えない世界から加えられる力」であり、「知らず知らずのうちに蒙る《こうむ》（いただく）神仏や祖先からの御加護」のことです。ですから祖母は、天の御加護に対して申し訳ないから、少しの残飯も残さず、生き物に与えて、報恩、つまり恩返しをしていたということになります。

祖母はまた、雨が降ったり、何かで忙しくて鶏小屋へ行けないときは、私にザルを渡し、「隣の畑へ行って、鳥さんにこれをあげてこい」といいました。そして、私が畑へ行って、土の上に残飯を置いて帰ってくると、「鳥さんに、〝これ食べてやあ〟と頼んできたか？」と尋ねるのです。

「いやあ、黙って置いてきたで」。私がそういうと、「それならほかして（捨ててて）きたことになる。〝鳥さん食べてやあー〟と大きな声で、空を向いて頼んでこい」と叱られました。そこで私は再び赴き、大きな声で「鳥さん食べてやあー」と叫んで帰ってくると、祖母はようやくニコニコ笑って、「それでエエのや」とうなずいたのです。

ときには、「川へ行って魚さんにあげておいで」といわれることもありました。ちょうど家の前には大きな川が流れていました。その川へ残飯を撒《ま》いて帰ってくると、祖母はまた「〝魚さん食べてやあー〟と頼んできたか」と尋ねるのです。黙って撒いてこようものなら、「それならほかしたことになる。もっぺん（もう一度）行って、魚さんに頼んでこい」。そう叱られました。

そこで私は慌てて川へ飛んでいき、「スイマセーン、魚さん食べてくださーい」と叫んで帰ってくるのです。

そんなことが、今も私の体にしみついています。

幼い私には、なぜ、鳥や魚に「食べてください」と頼まなければならないのかがわかりませんでした。しかし、南北先生の書物に書かれていた次の言葉を見つけ、得心したのです。

「天よりあたうる所の食物はことごとくその極りあり」

「天に極りあるを以て無禄の人を生ぜずという」

我々人間は、天から定まった分のお食事を頂戴して生きています。しかし、それより少なめに食しておりますと、余った分を天にお返ししていることになります。慎み深い人は、食同様に、他の「物」や「事」に対しても、分相応より少なめに頂戴して、無用に使い、費やすことは致しません。そして、その余った分は他の生き物に施され、自ずと天地に「徳」を積むことになります。

この「徳」というのは非常に大きなものですから、これに従って「命福」、つまり寿命が延びてくるのです。

無駄使いをしない人は天に徳を積むことになり、幸せな一生を送ることができる

人様がお幸せに、と思って行動する

満ちては欠け、欠けては満ちるのが人生です

○満つれば欠くる事、天理の理なり。家督財宝欠けざれば、子孫欠ける。その外、いずれ欠くる事、天地自然の理なり。

『脩身録』には「分に合った生活」について、よく説かれています。その中の大きな柱の一つに、「満つれば欠ける」があります。こちらで充足してくれば、あちらで欠乏を来《きた》してくるという意味です。

たとえば、お金持ちでまわりの評判も良く、子供さんもみんな立派に育っ

ているのに、ご主人は体が弱いという家があります。あるいは、家族はみんな健康で仲が良く、仕事も楽しいけれどお金がない。また、家族は順調だが、職場の関係がうまくいかない、などということです。

平安時代の公卿《くぎょう》、藤原道長《ふじわらのみちなが》は、

この世をば　わが世とぞ思う望月の　欠けたることも無しと思えば

という歌を詠まれましたが、こんなことをいえるのは、栄華の頂点を極めた道長ぐらいでしょう。

そもそも、すべてに満足でき、充足できるという人は、この世に一人もいません。誰でも、どこかに不足がある。どこかに欠けたところがある。それが人生です。すべてに満足できる人など、およそ天下に一人もいないのです。

では、不足がある人生は幸せではないのかといえば、違います。幸せは「自分がどこで満足させていただくか」で決まってくるのです。

「知足」という言葉があります。これは「足ルヲ知ル」ということです。上を見てもキリがありませんし、下を見てもキリがない。つまりどこで悦《よろこ》ばせていただくか、なのです。

どんなにお金をたくさん持っていても、あの世まで持っていける訳でなし、体が弱くては何もできません。家族が不和でも困ります。

健康で、家族が仲良く楽しく暮らしていることが第一で、少々仕事が苦しくても、お金がなくとも、楽しい家庭と家族さえあれば、辛抱もできるというものではないでしょうか。

満ちてくれば、必ず欠けてくる「物」や「事」があります。どんなに裕福で幸せそうなお宅でも、一歩家の中へ入ると必ず心配や問題があるものです。この世の身分や地位に関係なく、みんなさまざまな悩みや苦しみを抱えています。

かつて、神社の研修旅行で能登へ行ったことがあります。能登には、有名な上時国家《かみときくにけ》と下時国家《しもときくにけ》という旧家があり、いずれもお宅は国の重要文化財に指定されています。この両家は、平時国《たいらのときくに》卿の落ち延びられたお家だそうで、いわゆる平家の落ち武者です。

その上時国家を見学させていただいたときのことです。邸内を案内された女性が、「昔、前田のお殿様が地方御巡検された折り、当家にお泊まりになりました」とお話しになり、さらに、「その際前田侯は、〝時国卿は三位の位を持たれた方、私は五位の位である。このまま時国卿のお部屋へ入ることは憚《はばか》りあり〟と仰せられ、天井の隅に一枚の紙を貼らせられました」とおっしゃったのです。

私はその話に心を打たれました。

前田侯は一国の殿様ですから、領内でいかに振る舞われようとまったく問題はありません。しかし、前田侯は、自分の「分」というものをわきまえて、自分より上の三位の位を有した方が起居されたお座敷をそのまま使うのは恐れ多いことだと思われたのでしょう。ですから天井に紙を貼り、お座敷を欠けた存在にされてお使いになったのです。この「分相応」に甘んじられた前田侯のつつましさに、私は感動致しました。

前田侯の考え方も、「満つれば欠ける」をわきまえてのことだと思います。たとえ一国の殿様でも、すべてに満足できる存在ではありません。上には上があるかもしれない。だからといって、卑下する必要もありません。

自分が自分に満足できれば十分ですし、思い上がることなく、分相応に慎みを知る。世の中は「満つれば欠ける」とわかれば、ささいなことで一喜一憂することなく、おおらかに毎日を過ごすことができるものです。

一〇〇パーセント
満足するような人生はない。
何かが足りないのが
人生の醍醐味

上を見ても、下を見てもキリがない

神様は悲しみと同じだけの悦びを与えてくださいます

○物欠くを以て事足る。物足れば事定まらず。なお物足って事足るものは凡そ天下にあらじ。

「物足れば事欠く」「事足れば物事欠く」といわれます。

わかりやすくいえば、「〝物質〟が不足してくれば、〝事態〟が満足してくる」「〝物質〟が満ち足りてくれば、今度は〝事態〟に動揺を来す」ということです。

おおよそこの世には、「物質」と「事態」の双方が満ち足りて、笑いが止まらないという人はいません。誰が見てもお幸せなご家庭でも、一歩中へ入れば、人にいえない苦悩があるものです。

一つ嬉しいことがあれば、一つ悲しいことがある。神様はうまくつりあいをとってくださいます。

だから、悲しいことがおこっても、必ずどこかで慰められます。同様に、嬉しいことがおこっても、どこかで考えさせられることがおこってしまうのです。私だけが不幸だと落ち込む必要はありません。自分のまわりを見渡せば、自分だけしか気づかない小さな幸せは、いっぱいあるのです。ですから、「私はこんなにいっぱい幸せを持っているぞ」と、堂々と胸を張って歩いてください。そこから、新しい視点や生き方を発見できることがあるのです。

世の中には、何でも悪いほうへと考えすぎて、ますます沈み込んでしまう人がたくさんおられます。しかし、「ピンチはチャンス」と考え、「次は必ず嬉しいことを見つけよう」と、思ってください。

この世の幸・不幸は背中あわせ。こちらが満ちれば、あちらが欠ける

私だけが不幸だ、と落ち込まない

天は催促をされず、しかも見逃しもされません

○人は催促すれども、天は乞わずして取り立てたまう。
○われ借りたるものを返すは天地の理なり。

神様より頂戴して限りがある物といえば、まず食べ物があげられます。食べ物を余計に食べすぎたなら、つまり暴飲暴食をしたならば、「日々天に食の借を生ずる」のです。これは、「毎日天に食べ物の借金をすることになってしまう」という意味です。しかも食べ尽くした食べ物は、みんな糞尿とな

り、再びこの世にめぐり出てくることはありません。

さらに、南北先生はこう著しています。「人は催促すれども、天は乞わずして取り立てたまう」と。

もし人から借りた物であれば、返さないと貸し主が催促をしますから、借り手は常に、「借りた」という意識や気持ちを持ち続けます。しかも、返せないときはその都度弁解をしますから、借り手は貸し主に対して、「これでもう少し待ってもらえる」と、どこか安心感を持っているものです。

ところが、天は貸した物の催促をなさいません。だから借り手は、誰からも注意されないことを良いことに、ついお借りしたことを忘れてしまい、度を越してしまうのです。とはいえ、借りた物はあくまで借りた物。どこかで取り立てに遭ってしまいます。天は何もおっしゃらず、ある日突然、取り上げてしまわれます。後から泣こうがワメこうが、厳しい成敗があるのです。

私の心安かったご婦人が、こんなことをおっしゃったのを覚えています。その方は、四十代後半にごはんが喉に通らない病気になってしまい、五十少し前に落命されました。亡くなる少し前にお見舞いにうかがったとき、病床でしみじみとこうおっしゃったのです。

「私は冷たいごはんを今まで食べたことがありません。温かいごはんが冷めてしまったら、それは必ずゴミ箱に捨ててきました。だから、その報《むく》いとしてごはんがいただけない病気になったのでしょう」

私は冷やごはんが大好きなので、ごはんを捨て続けてきたというご婦人のお話には驚きましたが、その反省の話から、非常にありがたい教訓をいただきました。

天の思惑は、人智の及ばぬところ。「われ返さざれば、子孫にとりたまう」。

つまり自分の播《ま》いた種は、自分で刈り取ればよいのですが、取り立てがないからといって放っておくと、自分の子や子孫が、その穴埋めをしなければならなくなります。国の借金と同じことが、着々と自分の身のうえでおこっているのです。考えてみれば、我々は知らず知らずのうちに、恐ろしい事態を招いているのかもしれません。

借りた物を返すのは
当たり前のこと。
催促がないからと
借り続けては身を滅ぼす

天には必ずお返しをせよ

ささいな善行も神様は必ず褒めてくださいます

○不学といえども、自然と万物の徳を積み、終《つい》に福有となる。

昔、大阪の堂島に住喜という男が暮らしていました。

この住喜は若年の異名を「けんとうの与市」といい、バクチを業とする放蕩者《ほうとうもの》（酒や女遊びにふけり、身を持ちくずした人）だったのです。住喜は極悪極貧なる人相をしており、加えて大病か大事故に遭遇する大凶相の持ち主でした。

しかしこの男、妙な癖といいますか、放蕩者にしては変わった行動をしていました。彼は、物が粗末になることを大変悲しんだのです。

たとえば、住喜はバクチ打ちですから、ときどき大金を手にすることがありました。人間誰しも、苦労して手にしたお金は大切にし、労せずに摑《つか》んだ泡銭《あぶくぜに》、つまりバブルなお金は簡単に使ってしまうものです。いわゆる「悪銭身につかず」ということですが、この男は少し違うのです。たしかに、住喜は大金が入ると大散財《さんざい》をして遊んでしまうのですが、一方で、飲食だけには奢《おご》りませんでした。

食べ物を粗末にすることが、ただただ許せず、いくらお金を摑んでもお粥《かゆ》しか食べなかったのです。また、川に流れてきたり、地面に捨ててある食べ物も、拾い集めては、「もったいない」「もったいない」と自分が食べ、しかも、それも余分にはいただかなかったといいます。さらに、木や竹が流れてきたり、捨ててあれば、ひそかに集めて火で焚《た》き上げ、土へと戻していたのです。

住喜は何の学問もない男でしたが、このような行為を続けたことで、自然と万物に「徳」を積み、ついにはお金持ちとなって幸福な人生を送ったといいます。

悪いことに手を染めても、悔い改めてより多い善を積む。自分のできる形で精一杯善行を重ねれば、天はその心根を必ずや観ておられて、幸せをくださいます。

ゆくりなく（思いがけず）
罪を犯せど、
それをあがなう（つぐなう）
善をなせ

天は必ず心根を観ている

正直な人には神様の御加護があります

○神は正直の頭《こうべ》に宿りたまう。尚濁りたるを受け給わず、唯《ただ》、志《こころざし》を受けたまう。

戦前まで、多くの家の床の間にもかけてあった掛け軸に、「三社託宣」というものがあります。これは、まん中がお伊勢様、向かって右が八幡様、左が春日様の「三社」の神様を描いた掛け軸で、「託宣」とは「お告げ」のことです。

それぞれの神様は、人が守らなければならない大事なことをお示しになっておられます。すなわち、お伊勢様は「正直」、八幡様は「清浄」、そして春日様は「慈悲」の大切さを仰せられています。

ちなみにこの託宣は、応永《おうえい》二十四（一四一七）年の『醍醐《だいご》枝葉抄《しようしよう》』に見えるといいますから、既に室町時代からその存在が確認できています。

室町時代末期から戦国時代にかけて、日本の古典文学（和学）の最高権威者としてその保護伝承に尽力されたお公家《くげ》さんで、三條西実隆《さんじようにしさねたか》という方がおられます。その方が二十歳から亡くなる前年の八十二歳まで書き遺された日記、『実隆公記』によれば、三社託宣は、お伊勢様は嵯峨天皇が、八幡様は弘法大師が、春日様は大中臣智治丸《おおなかとみともはるまる》が、それぞれ同時に「夢想」、つまり夢でご覧になったお告げだと伝えています。

さらに、もう一つの伝承があります。

江戸時代に書かれた『三社託宣略抄』などの本によると、正応《しょうおう》年中（一二八八〜一二九三）、東大寺東南院の庭の前にある池の水に、お告げの文字が浮かび上がってきたと記されています。

実は、長らく私は、その池を東大寺の南大門と中門の間にある「鏡池」だと思い込んでいたのですが、近年になって、現・奈良県新公会堂の西側に存在する「三社池」だとわかりました。現在この池は、大層整備されて美しい池へと変貌を遂げていますが、かつては沼のような場所だったとか。

もっとも、池ざらえのときに随分いろいろな信仰遺物が発見されたようですから、古くから聖なる池として信仰されてきたことがわかります。

このように、「正直」「清浄」「慈悲」の三徳目は、何百年もの間、日本人にとって人生の理想であり、目指すべき行為であり、根幹となる価値観であった訳です。わかりやすくいえば、「清く」「正しく」「美しく」でしょう。正直で、潔くて、情け深い。それが、日本人が目指す生き方の理想の姿です。

神様は不浄なものをお受け取りになりません。これは単に汚れた物ということではなく、真心のこもった物、心底美しい心で奉った物でないと、受け入れてくださらないということです。神様はお金もほしくないし、物も要りません。つまり、そこに込められた人の真心をのみ受け取ってくださるのです。

とはいえ、真心をお示しするのは難しいこと。ですから、物に託して真心をご披瀝《ひれき》申し上げるのがお祭りなのです。

常日頃たらふくご馳走を食べ、飽きている人が、ご馳走を奉っても神様はお受けにならないが、食うに困っている人が、自分の今日食べるお米の中から、飢えを忍んで奉ろうとするその心を悦んでお受け取りくださるのです。

神様は真心のこもった物しか受け取ってくださらない

清く、正しく、美しく

どんなに悪い相でも、人生は変えられます

○相は誠を以て本《もと》とす。汝《なんじ》の心誠ならざる故に宜《よろ》しき相も悪《あ》しく変ず、故に相は活物《かつぶつ》なり。

人相とは、その人の心が、形や姿になって現れてくるものです。心が美しければ姿も美しく変ずるし、心が汚ければ、容貌の底に邪《よこし》まさが垣間《かいま》見えるものです。心を隠しおおすことはできないということでしょう。

いくら美人美男でも、心の邪まな人には真の美しさが備わっていません。しかし、容貌はそれほどでなくとも、心の美しい人には気高さがあります。

しかも奥の深い、えもいわれぬ美しさがある。それを観じなければ、本物とニセ物がわかりません。本物を見極められるような洞察力、いや、そんな浅いものではなく、「心眼」を養いたいものです。

話は少しそれますが、私の知人に化粧品や装いの品々のPRの仕事をしている女性がいます。あるとき、その女性が私の前でサメザメと涙を流し、こういうのです。「私の仕事は、人に高価な物を売りつける手助けをしているのではないかと思うことがあります。私は、人のお役に立っているのか心配でたまりません」。こんな言葉を口にできるのは、実に素晴らしい人物です。そこで私は次のような話をしました。

奈良の山奥で、お盆の最中に、両親が健全な人のみ鯖《さば》を食べる風習があります。ご先祖様をお祀《まつ》りして、家族全員が精進をするときに、「生臭《なまぐさ》」である鯖を食べる。こんなことは普通、考えられないけれど、昔からある風習だそうです。気になっていろいろ調べてみると、これは「生霊祭《いきみたま》り」だったのです。

死者を祀ると同時に、生きている人の霊魂も祀る。「生霊」を祀るとは、わかりやすくいえば、自分を大切にすることです。自分を褒めてあげ、自信をつけてあげることに他なりません。そのためには、自分にご褒美《ほうび》をあげる。自分を養ってあげねばなりませんから、おいしい物を自分に食べさせてあげたり、美しく装ってあげる。ときどきこういうことをしないと「自滅」してしまいます。

「過ぎたるは猶《なお》及ばざるが如《ごと》し」で、どんなことも行きすぎはいけませんが、お食事やお化粧、保養は自分に充電をしてあげることだと、知人に説明してあげました。もちろん彼女が元気になって、ますます良い仕事に打ち込んでくれていることはいうまでもありません。

人生には正しい目標が必要で、何のために何をするのかが納得できないと、良い仕事はできません。

別の機会に、順風満帆の化粧品会社の開発部長を務める女性に、同じ話をしたことがあります。しかし、彼女はまったく反応しませんでした。こんな心の空間に気づくには、それなりの苦労や失敗が必要なのでしょう。上り調子一辺倒の人は、順調すぎて、気づきのチャンスがないのです。

苦境や失敗は、人生に花を咲かせます。苦しみを乗り越えないと、本物にはならないのです。

ここで、江戸時代に人相の達人といわれた、五嶽道人《ごがくどうじん》の逸話をご紹介しましょう。あるとき、五嶽道人が多くの弟子を引き連れて街の中を歩いていたところ、向こうから大きな米袋を担いだ人が歩いてきました。道人はその人の顔を観《み》て、咄嗟《とっさ》に「今に大騒ぎがおこるぞ」といいますが、注意の言葉も与えずに、そのまま通り過ぎて行ったのです。しばらくして、後方で人々の「ワーッ」という声がまきおこり、一行が後ろをふりかえると、その米袋が裂け、道にお米が散乱して大騒ぎになっていたといいます。

この出来事が、後日悪い評判となりました。相を究めた五嶽道人ほどの人物なら、危ない相を観た途端、すぐさまそれを注意して、未然に防いでやれたはずだというのです。相を研究して、それで生計を立てているプロならば、その力は人の幸せのために役立てるべきであって、「どうだ、当たったであろう」とほくそえむだけならば、単なる「アテモノ」にしかすぎないだろうと、当時の人々は評価したのです。

ところが、相というものは、心掛けによって刻々と変化する、いわば「活物」とされています。また昔から、人相見の敵は、「神仏祖先を敬っている者と、陰徳積善をする者」だともいわれています。

つまり、いくら悪い相が出ていても、心から神仏を尊んでいる人と、常に徳を積んでいる人には「冥加」があって、見えない世界の力で未然に助けられるので、鑑定がはずれてしまうというのです。

人相は医学の発達もみない時代に研究された事例の積み重ねです。いわば、統計学なのです。しかし、それをさらに超える偉大な力が存在することにも気づかねばなりません。

隠れた心はその人の
姿形となって現れる。
艱難《かんなん》辛苦に遭遇すれば、
より素晴らしい心に進化する

常日頃から、心眼を養いたい

見返りを求めない行為が人生を拓きます

○千日千夜祈るといえども己に実《まこと》あらざれば神明いずれにあらん。

「感応」という言葉があります。「感ずれば応ず」。平たく表現すれば、感動しないと動かないということです。

これは主として、神仏と人間の間について表した言葉ですが、人間同士でも同じです。口先だけの追従やおべっかは、すぐ剝《は》がれてしまうものです。

人間というのは、相手が本当に心の底から思っているかどうかで動かされるものです。

前著『神様にほめられる生き方』で詳しく申し上げましたように、人間の世界は、計算や下心で成り立つ世界です。しかし、「幽冥《ゆうめい》」と呼ばれる、神仏祖先のいます目に映らぬ世界には、計算や打算がありません。そこでは、真心だけがまかり通るのです。

幽冥と現世には、厚い厚い壁が立ちはだかっています。しかし、「無償の愛」や「代償のない本当の愛」さえあれば、この壁を打ち砕くことができるのです。

昔からいかがわしい宗教や邪まな宗教がありますが、そんなものにまどわされず、天賦の存在である常識と、確かなことを見極める心眼をもって臨めば、ことの正邪は判明します。

何より真心をもって事に当たれば、必ず道は拓《ひら》かれていくに違いありません。

いくら祈っても、真心のない人の祈りは通じない

感動しなければ、人は動かない

コラム① 水野南北とはどんな人？

南北先生は幼名を熊太といい、家職は鍛冶屋で錠前造りをしていたといいます。伝えるところによりますと、両親を早くに失い、伯母さんの手で育てられたのですが、幼くして酒の味を覚えて七歳頃から盗み酒をやり出し、世に「悪党鍵屋熊太」と呼ばれるほど、酒と喧嘩《けんか》と賭博《とばく》に明け暮れました。

やがて二十歳の頃に、酒手《さかて》（酒代）欲しさに刃傷沙汰《にんじょうざた》を起こし、ついに大阪・天満《てんま》の牢につながれますが、熊太はこのとき、獄につながれている囚人と娑婆《しゃば》の人間の人相の違いを感じたといいます。

さらに半年後、牢から解き放たれた熊太は、まさに運命ともいえる出来事に遭遇します。天満橋の上でとある大道易者と出逢い、その易者に「お前の顔には険難《けんなん》の相（刃物で落命するといわれる人相）がある。必ず一年以内に災厄がおころう」と、顔を見るなり告げられたのです。

熊太はこの難を避けるため、出家して僧侶になろうと禅寺の門を叩きます。しかし、もとより脛《すね》に傷ある無類の放蕩者です。僧侶に即座に見破られ、「これから一年、米の飯を口にせず、白豆ばかりで暮らせたならば入門差し許す」といわれてしまうのです。

以来熊太は一念発起し、米を一切口にせず、麦と豆を食べるようになります。しかも仕事は、堂島の川仲士《かわなかし》という、川舟から荷物を積み降ろしする重労働に従事したのです。みなさんもご存じの通り、江戸時代の大阪は、

「天下の台所」と称された経済の中心地で、各藩の蔵座敷が林立し、縦横無尽に運河が掘られたことから、川舟による物資の輸送が発達していました。

昔から江戸の八百八町、難波の八百八橋とたとえられるほど、橋の数が多かったのです。世界最古の先物取り引きも、この堂島の米相場だと聞いたことがあります。

さて、熊太はというと、相変わらず酒・賭博は以前の如しでありましたが、重労働に従事し、米を食べない食生活を頑《かたく》なに守っていました。しかし、不思議なことに気力や体力は充満していたといいます。

やがて一年が経《た》ち、再び天満橋を渡っていた熊太は、あの大道易者と再会を果たします。

易者はシゲシゲと熊太の面体《めんてい》を眺めると、「お前の顔から死相が消えている！」と驚き、「何をしたのだ？　人の命を助けたとか、あるいは神社仏閣の修復に多額の寄進をしたとか、必ず善根を積んだはずだ」というのです。

身に覚えのない熊太は、知らぬ存ぜぬで押し通しますが、易者は、「易者とは、人の人生を左右するような問題に手を染める仕事。もし自分の拙《つたな》さ故の見誤りならば、この道で生活を立てることはお天道様に申し訳ない」。そういって、易に必要な諸道具すべてを、天満橋の上から大川に投げ捨てようとしました。

お金を取って、人の人生を左右するようなことを伝えるのが易者の仕事です。それなのに、自分が未熟で運命を見誤ってしまったのなら詐欺師も同然。これ以上易者を続けていくことはお天道様に申し訳ないから、道具を全部捨ててしまおうとしたわけです。

そんな易者の行動を熊太は押し留めながら、やがて一つのことに気づきます。「この一年、米の飯を一口も口にしなかった」。そういうと、易者も「そうだ。それが天地に陰徳を積んで、お前の運命を書き換えたのだ」とようやく納得しました。

かくして熊太は相法の妙にうたれ、心機一転、その道に精進するのです。

その後熊太は、髪結い床に三年勤めて人の身の上話を聞き、その面体を調べて研究します。

さらに、風呂屋に勤め三年間、人の裸体をつぶさに見極め研鑽《けんさん》を積みましたが、それでも飽き足らず、次には火葬執行人となって三年間、死人の体や骨格までも調べ尽くし、ついには諸国漫遊の旅に出て修業したといいます。

やがて奥州金華山で、相学の達人と出逢って各種の奥伝を授かり、相学者として身を立てました。後に大成して一町（六十間＝約一〇九メートル）四方の大邸宅に住み、一説によれば、光格天皇から出羽介の官を受領するに至ったともいわれています。

そんな南北先生が、晩年、何としても不幸な人を生み出さぬよう、いかにすれば人は幸福になるのかを考究し、伊勢の外宮にお籠もりをして、ある種の天啓（神の導き）を受けて編み出した書物が、『南北相法極意・相法脩身録』です。まさに南北一代の研究の成果であるといっても過言ではないでしょう。

第二章

自分の役割を知る人が成功できる

正しい道を歩み、筋道を教えるのが親の役目です

○子に対して親は本なり、その本正しければ子自ら全し。

仏教には「因果」という言葉があります。「因」とは「もと」のこと。「植物」でいえば「種」になります。その種が、土や風雨、そして太陽という縁によって芽を出し、緑となって生育し、やがて実（＝果）を結びます。

これを親と子の関係に当てはめれば、「因」が親で、「果」が子となるで

しょう。子の「もと」は親です。その「もと」たる親御さんが正しい考えを持ち、整った暮らしの中で、人として生きていく筋道を教えることで、子は、周囲の環境や友人という縁の中で育てられ、やがて人として実を結びます。つまり人作りにおいて、出発も途中も、すべてがとても大切な要素なのです。

正しい人とは、「わきまえのある人」です。わきまえのある人とは、「術《すべ》」と「心得《こころえ》」と「恥」を知っている人だと私は考えています。「術」とは、方法や手段です。「心得」とは善悪の区別であり、「恥」とは謙虚な誇りだと思います。この三つを備えた人に、ぜひ、なりたいものです。

南北先生も、「親が正しければ子もまた正しい」と説いています。

「親と子」について考えるとき、私が大切にしているのは「乳房《ちぶさ》の報い」という言葉です。

奈良はお宮とお寺の仲が良く、みなさんそれぞれに交流をされています。私もある年の正月に東大寺の「修正会《しゅしょうえ》」という法会にうかがった際、この言葉を知りました。僧侶がお唱えになる荘厳文にある「百石《ももしゃく》に八十石《やそしゃく》そへて給ひてし　乳房の報ひ　今日ぞ我がする　今ぞ我がする　今日せずばいつかはすべき　年も経ぬべし　早夜《さよ》も経ぬべし」という文言が、胸にしみわたったのです。

そこで、他のお寺のことも調べてみたところ、法隆寺でも、やはり「修正会」で、「百石に八十石副《そえ》て給ひてし　乳報《ちぶさのむくい》　今日ぞする　今日せずば何《いつ》かはすべき　年も経ぬべし　さよも経ぬべし　穴賢《あなかしこ》」とお唱えになっていることがわかりました。

さらにいろいろ調べた結果、この「乳房の報い」は、『父母恩重経《ぶもおんじゆうきよう》』というお経の中の「計るに人々、母の乳を飲むこと一百八十斛《こく》となす」という文言が土台になっていることがわかりました。

『父母恩重経』は、中国の隋の時代にできた「偽経《ぎきよう》」といわれるものです。

偽経とは、インドでお釈迦様が説かれた仏典ではなく、中国で道教などの教えを加味して新たに作られたものです。日本へも早くにもたらされ、今もって『仏説・父母恩重経』として大切にされていますが、それは何より、内容が真実であるからに他なりません。この経文には、今も我々が思い至らねばならないことがたくさん記されております。その一つに、我々には、父母からいただく「十種の恩徳」というものがあると記されています。

一、懐胎守護の恩　母は十ヶ月もの間、重病を患ったような苦しみに耐えて、血を分け、肉を分けて胎内の子供を守ってくださる。

二、臨生受苦《りんしょうじゅく》の恩　いよいよ出産に臨んでは、体中疼《うず》くような痛みや、骨節がすべて砕けるような苦しみの中、死と隣り合わせの思いで子供を産んでくださる。

三、生子忘憂《しょうしぼうゆう》の恩　生まれ出た子の産声を聞けば、自らも生き返ったような心を抱いてくださる。

四、乳哺《にゅうほ》養育の恩　花のような母の美しい容貌も、子を育てることが数年にも及べば、姿容《かたち》は衰え果てられる。

五、廻乾就湿《えげんじゅうしつ》の恩　寒い寒い霜の夜も、氷のような雪の暁にも、布団の中で湿り冷たい場所に自分は伏し、少しでも暖かく乾いた場所に子を寝かせ、育んでくださる。

六、洗濯不浄《せんかんふじょう》の恩　子供を抱き、たとえ懐の中で便をされようと、衣服に小便をかけられようと、嫌な顔一つせず、濯《すす》ぎ清めて汚れや臭いを厭《いと》われることがない。

七、嚥苦吐甘《えんくとかん》の恩　食べ物を子に与える時、母はまず自分の口に含んで確かめる。そうして苦い物は自らが飲み込み、甘い物は吐き出して与えてくださる。

八、為造悪業《いぞうあくごう》の恩　子供のため、やむをえぬことがあれば、どんな罰を受けようとも我が身を捨ててくださる。

九、遠行憶念《おんぎょうおくねん》の恩　子が遠くへ出かければ、帰ってその顔を見るまで、家の戸口を出たり入ったりして心配され、床に伏していても眠れず、夢にも現《うつつ》にも心を砕いてくださる。

十、究竟憐愍《くきょうれんみん》の恩　自分が生きている間は、子の身に何かあればすすんで身代わりになることを思われ、死して後は、子の身を永く護《まも》ろうと願ってくださる。

このように、ほとんどが母親に対する御恩ではありますが、このあとに「父母の恩重きこと天の極まり無きが如し」とあり、父親の御恩も忘れてはならないと記されております。

『父母恩重経』に書かれた父母に対する孝養を、我々の祖先は、「乳房の報い」という、短く、かつ美しい大和《やまと》言葉で表現されたのです。

南都の僧侶は出家してからも、お母さんからいただいたお乳に対する御恩に報いるために、寒い寒い冬の夜、世界の人々の幸せを願って仏に祈り続けているのです。

人は作り上げるもの。
子という種が
立派な実を結ぶように、
心を尽くさねばならない

わきまえを知る人になる

尊いものを粗末に扱う人は天から責めを受けます

〇長命の相あるとも、水を無用につかい費やすものは、長命というべからず。

小さい頃、家の都合で、しばらく京都の金閣寺の近くで暮らしたことがあります。昭和三十年代の話です。
その仮住まいから少し離れた所に銭湯があり、よく祖母や母に連れられて出かけていました。遅い時刻に参りますと、女湯の浴槽の奥に設けられた小さな潜《くぐ》り戸から、髪を後ろで結い上げた初老のご婦人が出てこられるのを見かけました。

そのご婦人は、湯舟の角に片膝を立てて座られると、まず木桶で湯舟のお湯を汲《く》み上げ、掛かり湯をするのではなく、そのまま木桶を両手で頭上に捧げ、それからソッとお湯を湯舟に戻されるのです。さらにご婦人は、同じ所作を三度行い、四度目にようやく掛かり湯をされ、湯舟に入られるのでした。

そんな姿を何度か目撃した私は、あるとき祖母に尋ねました。「あのオバちゃん、なんであんなことしたはるの（されるの）？」。すると祖母は、自分も不思議に思ったので、勇気を出してお尋ねしたというのです。ご婦人はこの銭湯の奥さんでした。そして、「風呂屋と申しまんのは、尊いお水を垢《あか》で汚して、毎日毎日生活してごはんをいただいとります。水のご恩を返せしまへんのや。昔から風呂屋で出世したウチ（家）はないのどす。それで、毎晩仕舞湯にこうしてお湯を頂いてナァ、お礼申しとりますのんや」。そう話されたといいます。

後年、人づてにこのご婦人のことを聞き及んだところでは、息子さんはみなさんお医者さんになられ、銭湯は閉じられましたが、大層お幸せな老後を送られたということでした。ご婦人には、尊い水を汚しているという自覚がありました。何事も、そうと知りつつやっている者は、常に反省を持って臨んでいます。そんな心が、きっと神様からお褒めにあずかり、お陰をいただかれたのでしょう。

かつて、民俗学者で地理学者でもある千葉徳爾《とくじ》先生が研究された『狩猟伝承研究』という大著を拝見したことがあります。東北地方で、昔ながらの方法を用いて狩猟をする集団を「マタギ」といいます。彼らは、自らの獲《と》った動物を解体するとき、お詫《わ》びをしながら、また成仏してくれることを祈りながら行い、いただいた肉や皮を無駄にしないことを約束するそうです。

お金を頂戴するということは、すべての責めを負うという覚悟が必要です。お金をいただいたからには、その責任を取らなければならないのです。すべてにおいて、人には務めがあります。取るものを取るなら、なすべきことをなさねばなりません。取るだけ取ってなさぬなら、天からその責めを負わされるということになるのです。

お金をいただくということは責任を取るということ

何事も、常に反省を持って臨む

大切なのは、終わりを見届けることです

○臣の終《おわ》りを見とどけること君の慈悲なり。

道具が新しいうちは大切に使うのに、古くなるにしたがって粗末な扱いをする。そんな経験はありませんか？

誰でも新品は嬉しいものです。しかし使い慣れて古びてくると、邪険な扱いをしたり、打ち捨ててしまったりします。「トイ・ストーリー」という映画がありますが、この映画は、そんな「物」の気持ちをよく表しています。

人間も同様で、若いうちは安い給料で酷使され、挙句の果てに、会社が左前になると、いとも簡単に切り捨てられます。事実、「若い連中がドンドン入れ替わってくれると経費が助かるから、役に立つ何人かの役員にのみ優遇を与えて居すわらせ、若い人は使い捨てる」という経営者を、私も知っています。

組織とは難しいものです。キラ星の如く優秀な人物だけが並んでいても、誰も光りはしないし、逆に競い合いや蹴落とし合いがおこってしまいます。

木材でも、堅いもの、柔らかいものがあってこそ家は建てられるし、互いの材の良さもわかるのです。

以前、いつも部下や取り巻きが悪いとぼやいている経営者に、私は申し上げたことがあります。「あんまり優秀なヤツばっかりやったら、アンタ寝首かかれマッセ。ぼんやりした人ばっかりで安心ヤ。ただアンタがシンドイだけや（笑）」と。

さらに、こんなこともありました。

奈良や京都の紹介番組を制作している、Aという広告会社の話です。

あるとき、T社の方々がおみえになって、私から聞き取りをされました。その際どこかの会社に委ねられて、ライターが二人、私の話を二時間にわたって聞いてくださいました。

しかし、後日まとめられた原稿を見て、私は愕然《がくぜん》としました。話の趣旨はまったくピントがはずれ、何が大切で、何を二の次にせねばならないかもまとまっておらず、朱を入れようにも入れようがない拙い内容だったのです。

前にも申し上げたように、お金を取るということはその仕事に責任を持つということです。私は、そのライターがまったく無責任なうえ、稚拙な内容で収入を得ているということが腹立たしく、T社の社員に苦情を呈しました。そのとき、担当の部長はこうおっしゃったのです。「出入り業者と我々は共同体です。業者を育て上げていくのも我々の役目です」と。

結局、原稿は当日同席され、すべてを聞いていらしたT社の社員が書き直してくださいましたが、こちらは正に当を得た素晴らしい内容で、あらためて私は、業者を育てる役目を語られたこの会社に敬意を表しました。

一方、勤める側にしてみれば、よしんば無事定年まで勤めたにせよ、最後はお荷物扱い、邪魔者扱いでは悲しいものです。人間、職を辞するまで、働き甲斐《がい》のある仕事をしたいと思います。

南北先生も「臣の終りを見とどけること君の慈悲なり」と述べています。功ある者を最後まで見届けてやることが、経営者の慈悲というものです。人を育て、大切にする企業こそ、天の理に適《かな》って、老舗《しにせ》への道を歩み出すのでしょう。

食器などでも同じです。年長く使うほど、器は欠け、割れ、そして使えなくなってしまいます。しかし、このお皿のお陰で毎日食事ができたのです。つまり、役に立ってくれた恩があります。ですから、もうこれ以上使えないというところまで使ったら、器を砕いて土に埋め、心から「ありがとうございました」とお礼をいって、土に還《かえ》してあげるのです。

同じように、鍬《くわ》の柄が折れたら、長年田畑を耕やすことができたお礼を申して、火で焚き上げて灰にする。そして、土へと戻してあげるのです。

さらに食物も、土に戻してあげることができたなら、正に終わりを見届けたことになるでしょう。

奈良で骨董《こっとう》店を開かれている古家實さんは、実に物を大切にされる方です。古家さんは脱サラをして、好きな骨董に囲まれることを仕事に選ばれ、私もときどきお店に遊びにいきました。古家實さんが自分の店にあるお茶碗を「あの子が」とか、「この子が」と愛情を込めて呼んでいらっしゃるのを見て、いたく感動したことがあります。

物を大切にすれば物に愛される。人を大切にすれば人から愛される。このことを忘れずにいたいものです。

物を愛せば、物に愛される。人を愛せば、人に愛される

道具にも、役に立ってくれた恩がある

お互いの欠けたところを補い、助け合うのが男と女

○一人の妻だに我心《わがこころ》に随《したが》はざれば天下の人皆我が道に随はざるなり。

易学の陰陽《いんよう》では、男は陽《よう》で、女は陰《いん》です。

もっとも、男でも陰の多い人、女でも陽の多い人はたくさんおられます。陽中の陰、陰中の陽とでも申しましょうか。しかし、原則的に男性は陽で、女性は陰の徳を持っています。つまり素晴らしい働きを、それぞれに持っているのです。

では、陽と陰とは何でしょうか。易学の大家、加藤大岳先生は陰陽を事物に当てはめて対照化されています。

（陽）天・日・昼・男・健・剛・夫・大・進・動・表・開
（陰）地・月・夜・女・順・柔・婦・小・退・静・裏・閉

生きとし生けるモノには、それぞれ特性があります。だからといって、女性は陰だから家の中に籠もり、夫のいうことにすべて従って裏方に徹すれば良いのだと決めつけているのではありません。
女性は柔軟で、しなやかでやさしく、細やかで粘り強い徳を持って、この世に生まれて来られたのです。男は、そんな女性の辛抱強さには太刀打ちできませんﾟ ですから、それぞれがその特性を活かすべきだとお考えくだされば良いのです。

近頃は草食男子などという言葉が流行して、指導力のなさそうな、か弱い控え目な男性が多いようですが、本来男というものは、強くてたくましく、華やかで行動的な徳を持っています。ですから、徳分から考えれば「夫唱婦随」であるべきで、夫がリードすることを妻が慎重に考えて補足しながら、二人で調整を加えていくことが望ましいのです。

陰と陽が、お互いの欠けたところを補いながら、また相反するところを助け合いながら、事を成功へと導いていく。これが「陰陽和合」というもので、夫の陽に妻の陰が随伴しなければ、一つのことが実らなくなってしまいます。

そもそも夫は、妻に何の隠し事もできません。夫のすべてを知り尽くしているのが妻です。そのたった一人の妻でさえ、自分のすることに賛同してもらえないような男が社会へ出て人を指導しようとしても、誰もついてこないでしょう。

たとえ赤裸々な姿をさらけ出して暮らしていても、妻が夫を尊敬しているということは、その男性が間違いなく素晴らしい人物であるということです。逆に、たった一人の妻にさえ尊敬されない男は、世に出て偉そうなことをいえる分際ではありません。

私も含め、男性諸氏には本当に耳の痛い話ですが、胸にじっと手を当てて反省しなければなりません。

ある高名な大学の先生の話です。この先生は、七十歳を優に超えておられましたが、いつも物腰やわらかで、品格のある素晴らしい方です。

あるときお目にかかる用件があり、ご都合をうかがいたくてご自宅にお電話致したところ、「○月○日の○時。わかりました。それでよろしいでしょう。用はありませんから」。そうお答えくださった後方から、「何いうてんの！　お父さん、その日は私と出かける日やないの！　アホ!!」と、奥様のけたたましい罵声《ばせい》が電話の奥から響いてきたのです。

「この先生、大したことないナァー」。心の中でふとそう思った次第です。

男が素晴らしい人物かどうかは、妻に尊敬されているか、否《いな》かでわかる

陰陽、それぞれに素晴らしい

家族には欲得を超える愛があります

○妻は一家の宝なり、内宝《ないほう》あしければ家長久ならず。

奥さんが魅力的で、素晴らしい方であればあるほど、家に訪ねてこられるお客様は多いものです。

昔から、「お客の来ぬ家は栄えぬ」といいます。南北先生も、家の浮沈は妻の心掛けと人柄によると述べており、「一家乱るる事は、皆妻より起こる」とまで言い切っておられます。

だからといって、すべてが奥さんの責任だといっているのではありません。

夫や家族の責任は当然ある訳ですが、要は、それぐらい妻は家の中枢だということなのです。

夫や子供の成否が決まるのは、妻の心配りによります。つまり妻の采配には、それほど底深いものがあるのです。故に、妻こそ一家の宝です。妻もまた、夫や子供たちから宝と慕われるような素晴らしい存在にならなければなりません。単に口うるさく怒鳴りちらしているようでは、威張っているだけで宝でも何でもありません。宝とは、内も外も素晴らしい存在をいうのです。

もしも家が楽しければ、仕事が終わるとすぐに家へ帰りたくなります。逆に、家に悲しいことや憂いがあれば、仕事が手につかなくなってしまいます。

では、人は何のために働きに出るのでしょう?

それは、家を守り家族を養うためです。家庭とは祖先を祀る場所であり、生命をつなぎ、子孫を育てる場でもあります。つまり、人として生きていく中心は、あくまで家にあるのです。ところが、世間には会社や仕事が中心のように考えている人が大勢います。

もしもあなたが倒れたら、会社は最後まで面倒を見てくれますか？　もちろん会社は、法に定まった期間はきちんと面倒を見てくれますが、それが終わればお仕舞いです。

これに対して、家や家族には規則がありません。それを超す愛があります。最後の最後まで面倒を見る。最後の最後まで信じ合う。それが家族というものです。そんな家庭を創り上げておかないから、帰るに帰れなくなるのです。

随分前、某新聞社の支局長に相談を持ちかけられたことがあります。優秀な方でしたが、永年にわたる転勤に次ぐ転勤で、家族の中に自分が居ないスタイルで家族構成が出来上がってしまい、家に帰っても居場所がないというのです。

その人は奈良出身で、自宅も奈良にありました。しかし子供の教育を考え、妻子だけがその家で暮らし、ご主人は終始単身赴任だったのです。今回念願叶ってやっと自宅へ戻れたのですが、いざ家族の中へ入ろうとしても、全員違和感があって入れません。結局、何十年もかかって自然に出来上がってしまった習慣は、今さらどうしようもないということになり、一人で支局の二階に暮らしておられました。なんとも哀れなことになったものです。解決の糸口も見出《みいだ》せません。

そこで私が相談を受けた訳ですが、転勤したことがない私には、さっぱりわかりません。経験のないことは妙案も出てこないものです。

やはり、経験は大事です。自分の人生の引き出しに、いろいろな物や事柄がいっぱい入っていれば、イザ何かおこったときにそれらを取り出し、人様のお役に立つことができます。

だからといって、何も素晴らしい物ばかり詰め込んでおく必要はないのです。人生、ボロ裂《きれ》が要るときもあれば、木のかけらが必要なときもあります。つまり、いろいろな経験をいっぱい「人生の引き出し」に入れておけば、必ず人の役に立つということです。「こんなことは無駄やったナァー」「つまらん遠回りや」と思っていたことが、とんでもないときに役立つものです。故に「人生には一切無駄がない」。「無駄なものこそ大事」だと思います。

かくいう私も、家族に対しては失敗した経験があります。

そもそも神職というものは、土、日が忙しくて休めません。つまり家族サービスができない訳です。

これがもう一世代昔なら、父親にどこにも連れて行ってもらったことがないという人はたくさんおりました。かえって仕事熱心な父親の美談のように扱われていたきらいもあります。

しかし、私共の時代はそうではありません。家族を顧みることのない父親は、むしろ冷たい目で見られたものです。

そこであるとき、宿直明けの早退を許された日に、神社からタクシーを呼んで、家の前に突然乗りつけ、家族を集めて遊園地へ連れて行きました。ところがその日は休園日。ガッカリした家族全員を引き連れてスゴスゴと帰宅し、改めて好機を探して、再び遊園地へ向かったのです。今度はもちろん開園日を調べておきました。

ところが、勢い込んで入園したものの、園内では家内と小さな息子二人の三人が、一団を組んで楽しそうに前を行くではありませんか。私一人が、後方からトボトボとついていきます。まさに母子三人の輪が形成されていたのです。私は思わず、その一団に対し、「お前ら！　その輪の中になんでお父さんを入れへんのヤァー」と叫んでしまいました。

とはいえ、なかなかその壁は破れません。しばらくは家内たちと付かず離れず歩いていましたが、とうとう根負けして群を離れ、一人休憩所へ入りました。すると、ポカーンと口を開けて眠りこけている父親と思《おぼ》しき人が数人。

「いずこも同じ秋の夕暮れや」と、妙に納得した思い出があります。

家や家族が楽しくなければ、良い仕事はできない

人生には一切、無駄がない

友や環境は自分の生き様を変えます

○心は方円《ほうえん》の器《うつわ》に随う、宜しき人にまじわれば自ら宜しくなる。

「心はコロコロ」といいます。心ほど変わりやすく、そして難しい存在はありません。

体の病は薬で治ります。しかし、心の病を治すには時間がかかります。

古い道歌《どうか》（＝道徳歌）にも、

移りゆく　初め終わりや白雲の　あやしきものは　心なりけり

とあります。これは、「常に心は変わるもの。どこで変わって、どこで戻るのかわからない。心の仕業だけは予測がつかない」という意味の歌です。

心は水と一緒で、丸い器に入れれば丸くなり、四角い器に入れれば、四角くもなります。つまり、良い心の人と交われば心も浄《きよ》くなりますが、邪《よこし》まな考え方をする人や、邪推をする人と常々交わっていれば、自分の心も邪悪に満ちたものになるということです。

ですから、友と環境は選ばなくてはなりません。昔から、高位高官の人と常に交わっていれば、心は自ら高ぶって頭《ず》も高くなるといわれています。

普段から腰を低くして人と交わっていかねばならない商人《あきんど》が、もしも横柄な態度で人に接したら、自らの職を全うすることはできないでしょう。商売人でなくとも、横柄な人は他人から疎んじられます。

大切なのは、自分の本来あるべき姿は何なのか、ということです。

特に人からお金をもらって生計を立てている仕事は、何であれプロでなくてはなりません。

神主でもそうです。人様から浄財をいただいて身を立てているのですから、いつでも神前で御用が叶うよう、常に精進しておかなければなりません。普段が肝心なのです。

また、運転手さんは運転手さんらしく、いつも安全運転を心掛けなければなりません。お客さんの命をあずかって目的地まで運ぶのですから、途中で眠くなったり、体に異常を来したりせぬよう、プロとして、常日頃から体調の管理と、運転技術の向上という鍛錬をすべきでしょう。

政治家や教育者も同じです。やはりそれぞれの道のプロなのですから、その仕事にふさわしい知性と教養、そして慈愛ある心を持ってもらいたいものです。

とはいえ、一朝一夕でプロになれるわけではありません。日々の鍛錬を長年続けることが必要です。普通の人にない技術を持つからこそ、人にも信頼され、任されもするのです。そして、その代償として生活が保障され、人からも一目おかれる存在となるのです。

鎌倉時代の高僧・明恵上人《みょうえしょうにん》は、「あるべきやうは」と申されました。人のあるべき姿とは、そして、人への対処の仕方とは、本来その人の「なすべきこと」の上に立っていなければならないということです。

人は事業に成功し、仕事がうまく行きだすと、地位と名誉がほしくなるものです。地位や名誉のある人に接近をはかるのも、そんな心の現れです。そして「誰さんと食事をした」とか、「誰々と心やすい」「誰さんなら今から電話をしてやろう」「誰さんなら頼み事をしてやろう」などと、周囲の人に自分の交友関係を自慢することは、さぞかし快感でありましょう。

しかし、そんな世界に慣れてしまえば、気位が高くなり、人様に頭を下げられなくなってしまうのではないでしょうか。


すべての事や物は、その始まり、そのもとをしっかり把握していないと道を誤ります。自分の立ち位置もまた然《しか》り、ということでしょう。

かつて、垂仁天皇の皇女で、お伊勢様を抱持して旅をなされた倭姫命《やまとひめのみこと》様のお言葉が、『倭姫命世記《やまとひめのみことのせいき》』という本に記されています。

「元元本本」

これは「はじめをはじめとし、もとをもととす」と訓《よ》みます。

何のために何をするのか。何ゆえにどうするのか。立てた誓いは守るべきです。そしてどんなときも、目標に向かって邁進《まいしん》していかねばならんという み教えに他なりません。

良い人と交われ、佳《よ》い人と磨け

どんなときも、目標に向かって突き進む

正しい判断をなすには、冷静に自分を見つめる場所が必要です

○君正しければ国家乱るる事なし、福禄寿の臣、是《これ》に随って全《まった》し。

指導者が正しければ、国家が乱れることはありません。親が正しい道を示せば、家族が乱れることはないし、社長が正しい方針を示せば、会社は安全です。

つまり、それだけ長たるべき者の責任は重いということです。ウカツなことはいえませんし、ことによっては、人と相談できぬことすら出てきます。

だから責任者は孤独なのです。昔から帝王学がやかましくいわれた理由は、実はここにあります。

故に、責任者たるべき者は、どんなに忙しくとも趣味を持たなければなりません。心が逃げ込む場所が必要だからです。心の隠れ家を持たないと、正しい判断ができません。正しい判断をするには、冷静に自分を見つめる場所が必要です。とんでもなく活躍しておられる人ほど、時間を作って、まったく異なる世界や空間に身を置くことをしておられます。そうしないと重圧に圧し潰され、身が持たないからでしょう。

さらに、最終的な決断というものは、誰が聞いても正しいという、正義に立脚したものでなければいけません。身の利益を捨て、社会の利益となるほうを取るのです。つまり、利己より利他であるべきです。たとえそうすることで、今の現に評価されなくとも、後世に然るべき判断がなされるものです。正しいことは正しいのです。

とはいえ、私の知人の奥さんのように、正しいことは正しいのだと言い張って、嫁と姑の仲がこじれている人もいます。

このような例はささいなことと思われるかもしれませんが、そうではありません。いくら物事が正しくとも、それを理解させ、納得させるには、「手段」が必要です。

これはどんなことにも当てはまります。いくら正しいことをいわれても、自分が嫌いな人のいうことは決して信じないのが、人の世の常です。

人情の「機微」に触れつつ相手を納得させ、そのうえで正義を進めないと、本当の正義も、正義ではなくなってしまいます。

真の英傑は、大きな正義の旗をはためかせつつ、同時に細かい配慮もするものです。世の中は「感情が支配」しますから、人情を操れないと大事大業は成し遂げられません。

かくいう私は、生まれて以来「浮世離れ」を目指してきました。だから古い物を調べたり、集めたりしたのです。格好よくいえば「塵外《じんがい》に遊び」たかったわけです。神主になったのも、ドロドロとした人間世界が極力嫌だったからです。しかしどこへ逃げようと、居るのは人間ばかり。どんなに逃げても隠れても、所詮は人の世を遁《のが》れることなどできはしません。

今も私の究極の目標は「隠居」です。但し、「隠遁《いんとん》」とは誰にもいっていません。隠遁はまったく姿を消すことです。しかし隠居は、好んで表には出ないけれども、縁の下で社会や人のために役立つことをすることです。そんな境地に立ちたいと、私は若い頃から考えてきました。

人というのは不思議なもので、前へ出たいと願う人は案外出られないものです。反面、出たくない、ほうっておいてほしいと願っている者に限って、出なければならないような事柄がおこり、表舞台へ出てしまう。本当に皮肉な仕組みになっています。

もしも世の中が光る人ばかりだったら、大争乱となるでしょう。一方、光る人のまわりには、その人を光らせてくれる人が必ず居るものです。ところが、当の本人はそんなことにはまったく気づかず、まわりは頼りないヤツばかりだとグチをいったりしています。「もしもスゴイ人ばかりがまわりに居たら、アンタは光らんぞ」ということが、その人にはわからないのです。

いずれにしても、「君」という立場の人には、人にいえぬつらさがあるものです。ですから君主にならなくともいい、下積みでも気楽に暮らしたいと思う人もいるのではないでしょうか。

一茶にこんな句があります。

下下《げげ》も下下《げげ》　下下の下国《げこく》の涼しさよ

この句は、自分の置かれた状況がいかようであっても、かえってさっぱりして良いではないかという心境を詠んだものでしょう。

光る人材のまわりには、必ずその人を光らせる人がいる

心を治める人こそが英傑

自分で「知って」「やって」「わかった」人が成功します

○福有《ふくゆう》の者は貧窮《ひんきゅう》を知るをもって全しとす。是を本《もと》を知るという。

生まれもって金持ちの家に育った人は、お金があることの素晴らしさがわからないものです。

そもそも、すべての物や事には経緯があり、一朝一夕に形成された事柄などありません。いろいろな犠牲や悲しみ、そして失敗や工夫があって、紆余《うよ》曲折《きょくせつ》の末、道は拓かれていくものです。

また、それを知ることによって人生の根の部分が出来上がっていくのであり、そこにこそ生きる醍醐味もあります。もしも最初から設けられた神輿《みこし》に乗って楽々と担ぎ上げられたとしても、根が張っていなければ浮草と同じで、自分の中から湧き起こる思いもなく、打つ手も浮かんできません。つまり本物ではない訳です。

商売でも、よく三代目は危ないといわれますが、それも故あることです。二代目は創業者の苦しみを見聞きしている分、手順がわかり、その心を共有できます。対して三代目は、事実を見ていないこともあり、商売に対して心構えに甘いところが多いものです。

苦労してきた人というのは、心の底からしぼり出すような思いを持っているから強いのです。また、まかり間違ってすべてを捨て去っても、もともと無から築き上げたのですから、原点へ戻れば良いだけだという度胸と根性が据わっています。自分で創った物ですから、自分で壊しても構わない訳です。対して三代目は、守り保つことに汲々として、おそれ・うれい・おののきながら生きています。

しかし、苦労には段階があって、三代目ならではの悩みもあるでしょう。もし祖父母が創業者だとすれば、言語に絶する苦労をしているはずです。しかし二代目である息子はどうでしょう。その苦労を見て育つ、そして三代目となると生まれたときから苦労知らず。暖簾《のれん》や信用をタダでもらって、初めから檜《ひのき》舞台で踊ることができるのです。ですから、その分何かで苦労しないと、いわゆる「ツジツマ」が合わなくなります。

甘い汁というものは、世の中にそうあるものではありません。それなりの苦労をしてこそ成果があるのであって、最初から幸せいっぱいなどということは、世間に対して申し訳が立ちませんし、苦労して物事を成し得た人々に対しても、合わせる顔がありません。

そこで「満つれば欠ける」であるように、他のことで、天から苦労をくだされる訳です。それが創業者や親との確執であり、自分が無視されもすることでもあるのです。

たとえば息子が会社を辞めて家業を継ぎ、外の世界で学んで来たノウハウを活かして、自分が案出した経営を目論んだとします。ところが、その途端「オヤジとソリが合わなくなった」。こんな相談をよく受けます。親と真っ向から対立し、そのことに頭と心を悩ませている人が、この世にはワンサカいるのです。

私がときどきおうかがいする有名な中華料理屋さんに、いつも浮かぬ顔をしている息子さんがいました。「アンタ何か心配ごとあるんかあ?」。そう尋ねますと、その息子は「オヤジとうまくいきません」といいます。

そこで私は、彼に言い聞かせました。「アンタのお父さんはナァー、屋台曳《ひ》いてナァー、寒い寒い冬の夜も、暑い暑い日差しの中も、歯をくいしばって商売してきたんヤ。今見て見ィ。ビル二つも建てて商売してるやないか! 君はどうや。生まれたときからこのビル二つもろうて、綺麗な厨房で調理ができる。その分何かで苦労せなアカンのやで」と。

さらに、こう助言もしたのです。

「だいたいナァー、年とったら人間丸うなると思うやろ。それは逆やで。ナンボ息子に譲るいうても、一代で築き上げた店や、絶対すべては渡さへん。いつまでも君臨する。そして口も出す。オヤジの働く場所、活躍する場所をなくしたら、オレはここにおるぞということをわからすために一暴れするんや。そやから君のいうことはまず聞かん。必ずヒネる。そんな苦労は創業者の歩んで来た苦労からすれば楽なもんや。辛抱しとき。辛抱してる間に本当の実力をつけとくんやでぇ」

しかし残念ながら、その後彼は家を飛び出し、他の職業についたと風の便りで聞きました。

この世には、損得や勘定ばかりで決着のつかぬことがたくさんあります。むしろ、金銭で片付けられることのほうが容易《たやす》いのかもしれません。

親子というのは、本当に難しいものです。店を継ぐ息子にとってはもちろん、創業者にとっても、跡取りの見極めと、引き際の大切さを思い知らされた出来事でした。とはいえ、どんな場合も、努力をした人に対する思いやりや敬意が大切であることは忘れてはなりません。

親と子の話としては、こんなおもしろい思い出もあります。以前知人が一人の女性を伴って、私のもとを訪れたことがありました。そのとき彼は、開口一番「こちらは○○○○画伯のお孫さんですよ！」といったのです。しかし、私は大変失礼ながらこう申しました。「○○○○画伯は偉い人やけど、お孫さんはタマタマそのお家に生まれはっただけやから、何の努力もしてはらへん。別にお偉いとは思いませんが」と。

やはり、もとを知って経緯を踏んでこそ、人は本物になり得ます。お金に関しても同じではないでしょうか。貧乏から金持ちになった人は、お金の尊さや世間のつらさをわきまえておられます。この「わきまえのある人」というのが、理想の人間像ではないかと思います。

その点、丁稚《でっち》奉公からさせられる日本の企業は素晴らしいと思います。つまり、下働きを経験することで陰の苦労を知り、そのうえで晴の舞台に立つ訳です。陰の場所、人の見えない所で働いているたくさんの人の力があるからこそ、美しい物が出来上がります。その苦労を体験した人でないと、上に立ってはいけないのです。

下積みの大変さを知っていれば、いろいろな「斟酌《しんしゃく》」ができるでしょう。陰の苦労やつらさを知っていれば、それだけさまざまな人や物への配慮ができるというものです。

やはり、隅から隅まで「知って」「やって」「わかった」人が、本物だということです。

貧乏を知らない金持ちは、本当の金持ちではない

見えないところで働く力がある

人が見ていないところで積む徳は、天が認めてくださいます

○先《ま》ず悪因を解くことは陰徳の外はあらじ。

「徳を積む」ことは非常に大切なことです。みなさんはこの徳に「陽徳」と「陰徳」の二種類があることをご存じでしょうか。

陽徳とは人前で行う善行です。お年寄りに電車で席をゆずってあげるなど、なかなか気恥ずかしいものですが、人の手本となる行動は、見ていてスッキリいたします。人の前で行った善行はこの世で報われる。人にも褒められ、

賞賛されることも多い。本人の信用にもつながる。しかし誰も見ていないところで、いくら善いことをしても、誰も褒めてくれないし、誰も知りはしません。しかし、その行為はすべて目に見えない世界で観ておられるのです、これを陰徳と申します。

「陽徳はこの世に置いておく徳行、陰徳はあの世に持っていく徳行」といえるかもしれません。

二十数年前、四国の金比羅さんへ参りました。

実は金比羅さんのお神楽は明治の初年、春日の神官であった富田光美という人が伝えられたものです。

元来春日様のお神楽は相当な曲数が平安時代以来伝えられてきましたが、

戦争中その指導をされていた旧・神人《こうど》の子孫である榊原秀子という先生が急にお亡くなりになって、三分の二の曲が失われておりました。そこで古く全曲をお教えした金比羅さんのお神楽を調査させていただくため、数日逗留をさせてもらい、録画・録音・聞き取りをしたのです。

その際、毎日ご神前へお参りして旧社務所へと下るのですが、本殿横の絵馬堂へ立ち寄りますと、金比羅さんの不思議なお陰で海難事故を救われた人々のお礼の絵馬がたくさん掲げられています。

ある人は大嵐の中、舟が傾いて海へ投げ出され、必死にもがいていると大きな木片に手が触れて命からがらしがみつきました。そうして気を失い、フト気がつけばその板を抱えて岸辺に打ち上げられ、九死に一生を得た。その板をひっくり返してみると、金比羅さんのお札だったとか。

とにもかくにも不思議なご加護を記した絵馬が多いのです。海の民の信仰は強烈なのです。我々のような大和盆地で暮らしている者はたとえ農作業に出ても夕方には何の問題もなく元気に家へと戻ってきます。しかし、海の民は朝出かけても夕方無事に帰れる保障はどこにもありません。「板子一枚下は地獄」というように、生業と死が隣り合っています。時化《しけ》に遭い、突風に遭って沈没すれば二度と再び家路に帰り着くことはない。だから祈りも強烈なのです。

そうして本当に命を助けられた感謝というものは、まさに筆舌に尽くし難い。金比羅さんの参道には大きな石柱がいくつも建てられていて神仏への寄進が彫りつけられています。昔は神社仏閣への寄進は徳行として世間の人々からも高い評価を受けましたから、堂々と碑に彫り込んで標示する。それが当たり前でありました。

しかしその中の大石柱に何本か「金壱封　某氏」と刻んだものがありました。石柱の大きさからして相当の金品を捧げられたと思われますが、あえて金額と名前は伏せてある。現代なら税金や相続の問題があるとして、名前を出すことを嫌う風潮にありますが、昔は徳行として誇らしげに掲げることが当然であった時代にもかかわらず、あえて示していない。つまり、これが「陰徳」を目指したものであるからです。

一命を落とすところを、どう考えても理解できない不思議な現象がおこって助けられたなら、欲も得も何にもない。ただひたすらに感謝以外はない。きっとそんな人々が捧げられたに違いないと、一人納得をしたことでした。

それからぜひみなさんに紹介しておきたい、金比羅さんの佳話があります。それは「樽の金比羅参り」です。

昔は人々の心が美しかった。とある港から空き樽の中にお供えのお金を入れて栓を閉め、「金比羅参り」と書いた札をつけて流す。するとこの樽は海流に乗って流されていく。途中ひっかかっていたら、誰かが舟を沖に出して流してくれる。また、四国へ向かう舟ならばこの樽を拾い上げて積荷と一緒に運んでくれる。最寄の港へ着いたら、また誰かが神社の大石段を何百段と担ぎ上げて、上まで届けてくれる。それを受け取った神社の人は入れたお供えの金子《きんす》をお供えし、そのしるしとしてお札をまた樽の中へ入れてくれる。そしてこの樽を港まで運んでくれる人がいて、無事にこの樽が流した人の手元まで戻ってきたというのです。

途中でお金が盗まれることもなく、どこのどなたがお世話をされたかわかりはしないが、すべての人々が神仏を敬い、そして陰徳を積むことを願っていたからではないでしょうか。何と日本の国は美しい心を持った人々がいたのかと感動させられるお話です。

それから、こんなお話も思い出しました。元禄年間に東大寺の大仏様の再建の用に立ててもらおうと大阪のとある人が銅のかたまりを家の前に置いておき、「東大寺へ運んでください」と立て札を立てておいたところ、いつのまにか一つも失わず材料が東大寺に集まっていたといいます。

さて、「樽の金比羅参り」をお話しいたしましたから、「犬のお伊勢参り」も申しておかねばなりません。犬の首にお供えのお金をつけて旅に出す。途中途中で犬は沿道の人から食べ物をもらい、あるときはお伊勢参りの旅人と一緒に参宮する。首につけていたお金は盗まれたり減ったりするどころか、逆に増えたと申します。増えすぎて重くなると、誰かがちゃんと両替をしてやって、歩きやすくしてやる。そうして無事にお参りを果たし、首にはお札をつけてもらって帰ってくる。帰りも道々でお賽銭《さいせん》を首につけてもらって帰ってきたと申します。このことは近年詳しく研究された『犬の伊勢参り』という本が出されています。

また、歴史としての事実を研究することも大層大事なことですが、嘘でありながらも人を益する小説のような事柄もたくさんあります。たとえば『忠臣蔵』の「南部坂雪の別れ」や「赤垣源蔵徳利の別れ」というような講談や浪曲にある、史実ではないが、長年にわたって人々が「こうありたいものだ」「こうあらねばならない」との思いが話を作り出し、付け加えられたことがたくさんあります。

史実はどうであれ、こちらのほうがむしろ大切だと近頃思えるのです。義理や人情というものは、常日頃から自分に言って聞かせ、心に留めておかないと実行はできない。私は浪花節ほど教育に役に立つものはないと思っています。利益を捨てて、なさねばならんこと、人のなすべき道は時代が変わっても同じです。

さて、ここで史実かどうかはわかりませんが、陰徳について大変為になるお話があります。伊勢でおきた話です。

伊勢の内宮《ないくう》と外宮は今こそ参宮道路で一直線につながっていますが、その昔は間《あい》の山《やま》という小高い山一つを越えねばなりませんでした。そこに寂照寺というお寺がありました。その寂照寺の院主が月僊《げっせん》というお坊さんです。このお坊さんは実に有名な人で、幕末の有名な画家・円山応挙《まるやまおうきょ》の優れた弟子十人（応門《おうもん》の十哲《じってつ》）の中の一人に数えられる人です。世に「乞食月僊」と呼ばれるのも、月僊の描く人物の顔つきが悲しいからだとか、画の揮毫《きごう》料が高くて守銭奴のようだからだといわれていますが、月僊はとにかく画料には厳しかったのです。

そこでこんな話が伝えられています。日頃欲深い月僊をこらしめてやろうと伊勢の旦那衆が古市という色街に一席を設け、その座敷に月僊を呼び出しました。呼び出された月僊は「どこに絵を描きましょう」という。お客の一人がお女郎さんを呼び出して着物の裾をめくり上げさせ、下着である赤い腰巻に「牡丹の花を描け」と命じました。

月僊は黙々と牡丹の花を描き上げました。すかさず客は「画料はいかほど」と問い、すぐさま銭箱から座敷に銭をばらまいて、それを拾い歩く月僊に「この欲深坊主めが！」と罵声を浴びせつつ、それを肴に一献を傾けたのだと申します。

あれほどまでに金に執着した月僊はひとかどの財をなしていたはず。没後伊勢の人々はそのことを知りたがったのです。しかし、月僊の手元にはお金はありませんでした。

そのお金は、一つめは雨漏りする寂照寺の堂の修理をすること。二つめは全国から参宮に訪れる多くの人々が間の山のぬかるみに足をとられて難渋する姿を見るに忍びず、道路の改修工事の費用としたこと。三つめは身寄り、頼りのない老人の治療代や孤児の養育費に充てるための、いわゆる「月僊金」の創設でした。月僊は己《おの》が徳行を一切口にせず、人に嘲笑されつつも、密かに集めた金子を人々のために費やしていたのです。かくして一代陰徳を積んだ月僊の絵画が今もって人気を集めるのは、ひとえに上人の徳行を追慕するからに他なりません。

この世に置いておく徳は陽徳、あの世に持っていくのは陰徳

人のなすべきは、不変の道

コラム② 相学とは

相学とは、「隠されたモノは必ず現れてくる」という宇宙の原則によって発展してきた学問といえるでしょう。人の心が形となって現れてくるのが人相です。地相や山相や家相というものもあります。

昔は医学としての人相が必要だったのです。つまり胃が悪い、肝臓が悪いという症状が顔や体に現れてくる。CTやMRIのない時代、おそらく命懸けで研究されてきたことでしょう。漢方では「望診《ぼうしん》」といって、患者の姿や血色を眺めて診断されています。

ある意味相学は、人類が何千年もかけて収集したデータの蓄積です。統計学かもしれません。古来相学には不思議な話がたくさんあって、事故や立身を予知したことなども数多く伝えられています。

古いところでは、中国の『春秋左氏伝』にこんな話が載っています。紀元前六二六年、魯《ろ》の文公元年に公孫敖《こうそんごう》という人が、周の内史（国家の法典を掌《つかさど》る役人）であった叔服に、自分の二人の子の人相を観てもらったというのですから、実に二千六百有余年前のことです。

また司馬遷の『史記』「高祖本紀」には、前漢の高祖（初代皇帝）の劉《りゅう》邦《ほう》（季）がいたく観相を大切にした話が記されています。

劉邦が田んぼに出かけて農作業をしている留守宅では、妻の呂公と二人の息子が草刈りをしていました。そこへ一人のおじいさんがやってきて、飲み物がほしいといいます。呂公は親切に食事までも準備してあげたところ、そのおじいさんは家族の相を観て「天下の貴人の相があります」と告げて立ち去りました。

そこへ戻ってきた劉邦が、その不思議な老人の話を詳しく聞いて、その後を追いかけます。老人に追いついた劉邦は、さらに「あなたほど貴い相を持つ人はいません」と告げられたのです。

これを聞いた劉邦は、「もしそのお話が本当になったのなら、けっしてあなたの御恩を忘れません」と答えます。

その後、秦を滅ぼして前漢王朝を樹立した劉邦は、不思議な老人を隈なく探しましたが、ついに見つけることはできなかったといいます。

さて、それでは日本に観相があったのかどうかと申しますと、実は『源氏物語』の「桐壺」の巻に「こまうどのまいれるがなかに　かしこきさうにん　ありけるをきこしめして」とか、「みかどかしこき御心にやまとさうをおほせて」などとあります。「高麗人《こまうど》の相人《そうにん》」は朝鮮半島から来た観相家であり、「大和相《やまとそう》」という言葉から考えますと、当時明らかに日本独自の相学の存在が確認できそうです。

その後、時代を経て、中国の文献もたくさん日本へもたらされ、江戸時代には何人もの相学の研究者が出て、さらに研究が進んでいきます。そんな流れの中で、特に「日本相学の中興の祖」と仰がれる人が水野南北で、この人は特に「食」という存在が、人生において多大な影響を与えるという成果を研究したのです。

第三章

物を大切にすると運が良くなる

食を大切にすれば、運命が開けます

○常に分限《ぶんげん》より麁《そ》(粗)食《じき》をなすものは、たとえ貧相あるとも相応の福《ふく》分《ぶん》これあり、寿《じゅ》をつかさどり、老年吉なり。

農林水産省の調べでは、まだ食べられるのに捨てられている食品が、日本では一年間に五〇〇万〜八〇〇万トンに及ぶといいます。これを日本人一人当たりに換算すると、毎日おにぎり約一〜二個分を捨てていることになるそうです。

南北先生は、食を大切にすれば「運命が開ける」と述べられています。「食」と「健康」ならば直結した話です。しかしなぜ、「食」と「運命」が関係するのでしょうか？　それにはまず、「食べ物」という言葉の語源を探ってみなければなりません。

「タベモノ」とは「賜物《たまはりもの》」、つまり「天から賜った神聖な品」が語源だという説があります。『日本書紀』によりますと、アマテラスオオミカミ様は、高天原でお作りになっている稲をニニギノミコト様にお授けになり、これを食べていくようお命じになられます。つまり、我々日本人にとって、お米は神様から頂戴したとても尊い物なのです。

お米だけに限ったことではありません。「食べ物」＝「賜り物」ですから、すべてが神様から頂戴した、尊い物ということになります。その賜物を敬う、大切にすることが、人として大事な行いなのです。だから食物を粗末にすると、神様からお叱りを受けることにもなりかねません。

私の知人に、コンビニでアルバイトをしているご婦人がおられます。コンビニでは賞味期限に厳しく、一分でも期限が切れたものは廃棄処分にするそうです。毎日たくさんの弁当や食べ物を捨てることが、とても恐ろしく、モッタイナイことだと嘆いておられました。賞味期限などという、愚にもつかぬものに左右されるからかもしれませんが、こんなことをしていたら人間は滅びてしまうのではないでしょうか。

食を簡単に捨て去る国、片や食べ物もなく、命を落としていく子供たちのいる国。世界でこれだけの格差が生じてしまいます。我々の祖先が口がすっぱくなるほど、話し続け、語り継いだ「もったいない」という心と行動を忘れてはなりません。

食を大切にする人は、幸せが訪れると南北先生は断言されています。

「もったいない」の心があれば、老後の幸せをかみしめることができる

「タベモノ」は「賜物」

人も物も、同格として大事に扱いましょう

○諸具の類あらたなる内は大切に用ゆといえども、古くなるにしたがって粗末に用ゆるものは、実《じつ》というべからず。

「物」には、すべて魂が宿っています。船には「○○丸」などと名前がつけられますが、昔は楽器にも「○○丸」と名をつけて大切にしました。ちなみに「丸」は、「マロ（麿）」が転じたもので、「牛若丸」というように、かつては男女共に、名前の下につけられた呼称です。

このことからわかるように、日本人は船や楽器をはじめ、いろいろな物を人のように扱ってきたのです。

日本では古くから、物には心が宿っていて、素晴らしい心を宿すと素晴らしい力を発揮し、頼もしい働きをすると考えられてきました。魂を入れることで、その物の持つ、本来の働きをより発揮してもらう。そのために入魂式をします。神社には、よく「消防自動車を新しくしたので入魂式をお願いします」とか「旗を新調したので入魂をお願いします」といった依頼がありま す。

ひるがえって、現代社会はどうでしょう。物どころか、人を物扱いにしています。安い給料で人を使い、挙句の果てに、簡単に投げ捨ててしまう。人には無限の可能性があります。いつか「大化け」するかもしれないのです。

物でさえ人の扱いをして、より力を発揮させようとするのが古来の日本人の知恵なのですから、人を「人扱い」するのは当然のことです。人を育て、人を大切にすることは、日本人が長らく心掛けてきた大切な教訓です。それを踏まえたうえで、物も人扱いにするところに発展の極意が隠されているのです。

人を物扱いにするな。物は人扱いにせよ

人を育て、人を大切にする極意

お金を大切にする人は、お金に愛されます

○福有の相あるとも金銀を粗末にとりあつかう者は福というべからず、必ず散財の人なり。

「金が敵の世の中」とはうまいことをいったものです。生涯お金で苦労もし、また、楽しませてももらう。そこで、お金の話です。

もし、道端に一円玉が落ちていたとしても、誰も拾おうとはしないのではないでしょうか。でも、一万円札が落ちていたら、我先にと拾うに違いあり

ません。

一円玉と一万円札。金額の多少によって、お金の尊さは変わるでしょうか。「それ一銭といえども、足らざれば千貫の数に用いること能《あた》わず。かるがゆえに、わずか一銭といえども、その徳同じかるべし」と南北先生は著しておられます。

手元に九千九百九十九円しかお金がなかったならば、一万円の品物を買うことはできません。しかし、一円玉一枚さえあれば、何の苦もなく一万円の品物を買うことができます。ということは、一万円札も一円玉も、その格は同じではないのか、というのです。

お金というものは、我々が寝ている間も遊んでいる間も、天下の人々の生活を支えるために、常にその身を留めず動き回っていてくださいます。これはあたかも、父母が我が子のため、身を粉にして働いてくださることと同じで、その御恩は果てしなく、限りがありません。

先生はこうも述べておられます。「よってこれを粗略に用うる者は、父母の恩義を知らず。よって自ら金銀の父母に見離され、つひに家を損す」と。

これほど尊いお金を粗末に扱う人は、父母への感謝を知らないのと同じで、ついには父母から愛想を尽かされ、お金も寄りついてくださらず、とうとう破産に至ってしまうというのです。

かつて、亡くなった母から、「お金は大事にせな（しないと）アカン（だめ）！」とよくいわれました。母はお札をけっして折り畳まず、財布にも逆さまに入れませんでした。そして、常にキチッと美しく納めさせていただくのが、お金に対する礼儀だといっていました。私も必ず実行しています。

神社のおみくじ所に座っていると、おもしろいことに気づかされます。外国人の中には、お金を我々神官の前に平気でポトンと落とし、おみくじを受けていく人が少なからずいらっしゃいます。彼らにとってお金は、まさにコインでしかないのでしょう。

しかし、日本人の場合は、茶髪のお兄ちゃんも、目のまわりを真っ黒に塗ったお姉ちゃんも、お金を投げることはありません。みなさん、きちんと丁寧に置いていきます。どうやら日本人は、お金が尊い物だということを、知らず知らずのうちに身にしみ込ませているのでしょう。ですから私は、日本の経済はけっして破綻することはないと思えてなりません。

では、そんな日本人が、なぜお賽銭だけは平気で投げるのでしょうか。

その理由は、鎌倉時代に書かれた『春日権現験記《かすがごんげんけんき》』という絵巻物から推察することができます。この絵巻物には、おそらく日本最古と考えられるお賽銭箱の絵が描かれています。それはとても美しい朱色の四角い箱で、四方に外居《ほかい》の足が一つずつ取り付けられています。しかし、このお賽銭箱は、神様の御殿の前ではなく、その横にある神宮寺の前に設置されているのです。

神宮寺とは神社に付属して建てられた仏教寺院で、春日大社では「不開殿《ふかいでん》」、つまり「あけずの御殿」といい、一切建物の扉を開けることのないお堂です。その中には白布で包まれた仏像が納められていました。

さらにいろいろな記録を調べてみると、昔は「散米《さんまい》」といって、神前ではお米を撒いてお祓《はら》いをする風習がありました。このお米がいつしか銭に変わり、お賽銭も投げるようになったのでしょう。

つまり、かつて仏様の前にあったお賽銭箱が、いつしか神前にも設けられるようになり、その一方で、もとは神前で清めのために米を撒き散らしていた風習が遺り、お賽銭を投げるようになったのだろうと私は考えています。

ちなみに、かの有名な明治期の陸軍軍人、乃木大将は、神社へ参詣なさる前に手と口を手水所《ちょうずどころ》で浄め、お賽銭にも水を注いで浄められたとか。これは大切な心得ではないでしょうか。

一円玉も一万円札も、お金の尊さに変わりはない

お札は財布にキレイに入れる

お金に悦んでもらえる使い方とは

○我を敬する方へは行き安く居やすし。

南北先生いわく、「金銀を他に出すときは、心中にこれを拝し、また来《きた》り給うことを願う。また順《めぐ》り来るときは明君の入り給うごとく心中にこれを拝し、なお長くいますことを願う」。

自分の行動や人の仕草を思い浮かべると、「あっ！」と気がつくことがあります。

たとえば私の場合、お金が入って来てくださったときは、必ず両手で額のところまでいただき、「ありがとうございます」と申しますが、お支払いなどをするときはどうでしょう。「なんでこんな高いねん！」とか、「またエライ出費や！」などと、つい怨み言ばかり吐き出して、お金を送り出してしまいます。

しかし、お金を出すから物が購入でき、おいしい食事がいただけるのです。つまり、お金が出てくださる代わりに、何かを得ているわけです。にもかかわらず、とかく我々は、お金がなくなることに対して罵詈《ばり》雑言《ぞうごん》を吐いてしまいます。これはいけません。

お金は、お出しするときが肝心です。「行ってらっしゃいませ。ありがとうございます。どうか一刻も早くお帰りくださいませ。できればお連れもいっぱい連れて、お戻りくださいませ」（笑）。そうお礼とお願いを心の中で申し上げ、支払いをするのです。

お金とは、実はお見送りするときにこそ、感謝が必要なのです。

一方、先生はこうも述べておられます。「それ我を敬する方へは行き安く居やすし」と。

みなさんも、自分を本当に愛してくれる人のところこそ、安息地なのではありませんか。

たとえば、訪問したお宅で、奥様をはじめ、家族の方々から心からのおもてなしをいただいたなら、ぜひまたあのお家へうかがいたいという気持ちになるものです。しかし、すげなく冷たい扱いを受けたなら、二度と足を向ける気にならないでしょう。

これは人だけではありません。心というものは、物やお金にまで響きます。打てば響く。語れば伝わる。普段からお金を尊び、敬っていれば、必ず通じるものなのです。

また、お金にずっと居ていただきたいと思うなら、常々お金の徳を敬い、一円たりとも粗末に使ってはいけません。「死に金」を使うことも、お金に対して失礼になるのです。

役に立つお金の使い方をしてこそ、お金にも悦んでいただけます。

『太平記』の中にこんな話があります。北条時頼の家臣・青砥左衛門藤綱《あおとさえもんふじつな》は夜に幕府に出仕するとき、滑川《なめりかわ》を渡ろうと馬を乗り入れた際、誤って川の中へ十文の銭を落としてしまいました。藤綱は早速町へ使いを走らせて、五十文で松明《たいまつ》を求めさせ、川に落とした十文の銭を拾わせました。

後日、この話を聞いた人は、馬鹿なことだと大笑いをしましたが、藤綱は「落とした十文は、今拾い上げねば、永久に滑川の底に沈んだままである。一方、自分が松明代として支払った五十文の銭は、商人の手に入り、世間を融通して永く失われることがない。つまり、六十文の銭を一文も失わせることがなかったのである。これこそ、天下の利というものではあるまいか」と語ったといいます。

常に、天下国家、万人の幸せを思って行動した人の大きな考えは、今も光彩を放っているではありませんか。

このような、「気宇壮大」な生き方をしたいものです。

また、奈良県出身の実業家、前川喜作《まえかわきさく》先生は、日本で初めて冷凍機を造られた方ですが、一方で、人のためにお金を使われた方でもありました。

私は大学時代、上京して東京・目白にある和敬塾という学生寮におりましたが、実はその寮は、前川先生が細川侯爵の本邸を購入して、世に有為な人材を送り出そう、そして、仏教の「和」と「敬」の精神を基本とした人間教育を目指そうと開かれた塾だったのです。私が入らせていただいた当時は、塾の中に北・南・西の三つの寮があり、約六百名の学生が寝食を共にしていました。大学もみなバラバラで、自由な自治組織によって運営されており、お陰で学校へ行くよりも、寮にいるほうが楽しかったほどです。

一回生、二回生は二人一室で、見も知らぬ人間と一緒に過ごします。それにより、人と協調することを学ぶのです。

また、廊下で人とすれ違うときは、必ず挨拶をしましたし、月一回行われる講演会には、必ず各自の大学の制服で出席しなければなりませんでした。講演には駐日米国大使なども来られましたが、もっとも私の記憶に残っているのは、第一次南極越冬隊の西堀栄三郎《にしぼりえいざぶろう》先生でした。

入塾に際しては、「私の家族」と「私の将来」という二つの作文を提出し、面接があります。私はお陰様で、前川塾長に非常に可愛がっていただき、折々部屋へお越しいただいたこともありました。この塾で学んだことはたくさんありますが、その一つは、学歴と人格は違うものだということ、そして、どんな人も話せば通ずるということで、今も大変役に立っています。

その前川塾長が、常々おっしゃっていたのは、「財はいかに集めるかということより、いかに散ずるかということのほうが大切なのだ」ということです。

まさに塾長は、人間教育のため、惜しげもなく財を投げ出された方でした。

お金が悦んでくださるような用い方を、ぜひ、みなさんも考えてみてください。

金銭は、「いかに集めるか」より、「いかに使うか」である

感謝の心でお金をお見送りする

道具が上達を助けてくれます

○日々己がなす事我用物《わがようぶつ》によって生涯の相をあらわす。

前項で、お金を大事にすることについて述べましたが、これはお金のみならず、すべてのことに通じます。

たとえば、私は小さい頃から、道具を大切にすれば上達すると教えられました。

学問を成就しようとすれば、本を大切にする。書道の上達を望むなら、筆、墨、硯《すずり》など文房具を大切に扱い、練習が終われば丁重に洗ってきちんと仕舞う。同様に、魚釣りの上達を願うなら、竿を大切にし、けっしてその上をまたいだり、放っておくようなことをしてはいけません。つまり、その道を成就させるために用いる〝物〟に対し、敬意を表せば、自らも真剣に取り組む気構えができ、〝物〟が助けてくださるのです。

あのイチロー選手は、子供の野球教室で、開口一番「君たち、道具を大切にしなさい」といっていました。その様子をテレビで見た私は、〝一つの道を極めた人はやはり違うなァ〟とつくづく感じ入り、これが「天理に適う」ことだと思ったのです。

天の心、そして宇宙の真理に合致すれば、それ「相応」、つまり自らの「分」に応じた結果を得ることができます。そして、この「分」ということをわきまえることが、何より大切なことなのです。「分」とは、すなわち自分の「力量」のこと。「分」を越せば「欲」に変わります。

己の「器量」、つまり己という器に合った質や量を、心得ておきたいものです。さらに願うところは、その分を高め、広める。器量の増大ということです。

自分という器を知れ。分を越せば、欲となる

天の心に合えば、相応の結果を得る

土は偉大な〃正直者〃です

○地は万物の母にして、苗だにおろす時はことごとく生ず。若《も》し庭広けれぱ青物の食物の類を作ること、これを以て天地の徳を積むという。

孔子がまとめたといわれる『易経』によれば、土の徳は「直にして方にして大なり」と書かれています。つまり、土は正直で規律があり、偉大だということです。

「土は嘘をつかない」。農業家はそう話されます。人と違って、土にうらぎりはありません。精魂込めて向き合えば、必ず豊穣な実りで報いてくださいます。

私がご奉仕させていただいた春日大社には、年に一度、天皇様のお使いをお迎えしてご奉仕する「春日祭」というお祭りがあります。そもそも、日本のお祭りは実に丁寧なもので、お祭りをさせていただく前には、無事にご奉仕できるよう神様にお願いする「前儀《ぜんぎ》」があり、本番のお祭り、つまり「本《ほん》儀《ぎ》」が済んだ後にも、無事に御奉仕が叶ったことに感謝する「後儀《こうぎ》」があります。

その前儀の一つ、「午之御酒《みき》式」は、本儀で神様にお供えするお酒を前もって神前にお供えし、そのお下がりを、神官が頂戴する儀式です。

ちなみに、このお酒は境内にある酒殿（日本最古の酒蔵といわれている）

で醸したもので、儀式のときは、四組の酒盃《しゆはい》が神官の座前に据えられます。そうして一献目は、うやうやしく捧げてからそのお酒を大地に注ぎ、二献、三献、四献は神官が頂戴するのです。これは、お下がりの御酒を体中にとり込んで、心身を浄化する儀式だと考えられますが、中でも一献目のお酒を土に注ぐ所作は、「祭酹《らい》～」というもので、土をお祀りする儀式なのです。

つまり、土の神様のお陰で、春日様に捧げるお供物ができたことを感謝申し上げるのです。

昔の人は、土の尊さを知っていました。だから土をお祀りしたのです。しかし、現代の我々は、土は踏みつけるものという認識しかありません。おまけに汚い物や危ない物、さらには原子力の廃棄物まで土に埋めてしまいます。

土の尊さは農業をやらないとわかりません。子供たちには、ぜひ土に親しんでもらいたいものです。生命の不思議さも、天地の恵みも、また日本人が古くから培ってきた伝統や精神も、すべて農業に立脚したものでありますから、我々の国は農を基本として考えなければ、理解できないことがたくさんあります。

一方、地鎮祭は、大地の神様をお祀りして、土地に家を建てさせていただく許しを乞う祭典です。

これは、日本という国土には、国の魂の神様が鎮まっておられるという認識に基づく儀式で、たとえば奈良県天理市の大和《おおやまと》神社には日本国土の魂が鎮まり、また大阪の生国魂《いくくにたま》神社や長野県の生島足島《いくしまたるしま》神社にも、その国土の霊が神様としてお祀りされており、土と深い関係があります。

さらに、我々の生死離合を守られると伝えられている土地の神様、つまり鎮守のお社は、「産土神《うぶすなのかみ》」と申し上げます。

このように、土ほど尊いものはありません。だからこそ南北先生は、「庭前に花壇等を築きこれを楽しむ人は生涯発達なし」とまで述べておられます。土に稲や野菜を播けば、食物を収穫できますが、花は自分が楽しむだけで終わってしまいます。それでは尊い土がもったいないではないかとまで考えられたのです。

では、ゴルフはどうなのでしょう。私は生涯ゴルフをするつもりはありませんが（笑）、あの広大な土地を遊びに使うなど、とんでもないことになりはしませんか？　ゴルフをする人は常に土の尊さを思い、感謝してプレーすべきでしょう。そして経営者は、ゴルフ場の収益で土の浄化事業か農業振興、もしくは国土の保全のための浄財を捧げてほしいものです。

己が楽しむ花だけでなく、人のためになる収穫をせよ

土の尊さは農業をすればわかる

同じ火を使った者同士は運命共同体です

○無用火《むだび》をたき、あるいは火を粗末にして、ふみ消す者あり。およそかくの如くの人は生涯立身出世なし。諸事とどのわざる事をつかさどる。それ日は火なり、日輪を踏むが如し、なお天帝を足下にかけるがごとし。

ライターの火も、もとを探ればお日様と同じ「火」に他なりません。「火」も「日」も、共に日本語では「ヒ」と発音します。「ヒ」という言葉は古代において、霊妙不可思議で尊貴な存在を指していたのです。

だから、煙草《たばこ》の火を足で踏み消すなどもってのほか。南北先生は、お天道様を足下にするのと同じだと、火を粗末に扱うことを戒めておられます。

そもそも日本では、古くから同じ火を使った者同士は運命共同体だと考えられてきました。聖なるモノも俗なるモノも、火を媒体として伝播すると考えられてきたからです。

神道では聖なる火を用いて調理したものをいただくと、心身が浄化されるとしています。ゆえに神事を執行するに当たっては、まず浄火を熾《おこ》すことから始めます。

春日大社では、古くからの火の扱いとして、最上級の火を「生火《いけび》」、または「清火《せいが》」といいます。

かつて神官は、神様の日々のお食事を調理する大炊殿《おおいどの》に保存されている火を毎月家にいただいて帰り、調理の火として使いました。これは非常に神聖で、かつ力の強い火とされています。

次に、大炊殿から火をいただくことをせず、家ごとに自宅で火打ち石を用いて発火させる火を「中火《ちゅうび》」、もしくは「打火《うちび》」といいます。

この火は月々には取り替えませんが、穢《けが》れたことがあるとすぐ改めなければなりません。

さらに、普段の俗事に用いる火を「下火《おりび》」、または「俗火《ぞっか》」と呼びます。

このように、三種類の火が日常にも使い分けられていました。

加えて重い神事ともなりますと、自宅で生火を使った謹慎生活を送ります。

そして、一定の日を充たすと神社の中の籠もり屋へ移り、神官が共同生活をして、一層重い精進を致すのです。食べ物にも制約があり、みだりに人との面会もできません。ひたすら神事の準備と心身の浄化に励みます。

その際、火は毎朝火打ち石の打火によって熾されます。五日目からは「モミ火」といって、檜と檜を摺《す》り合わせて火を熾します。檜の語源は「火の木」ともいわれ、伊勢神宮は檜と山ビワ、出雲大社は檜とニワトコを擦《こす》り合わせると承っております。

このように普段と異なる浄火を用いることを、「別火《べっか》」と申します。

私も「式年造替《しきねんぞうたい》」の際、この「別火」を用いた重い精進潔斎《しょうじんけっさい》を経験しました。「式年造替」は、二十年毎に神様の御殿を新しくし、祭具や調度も一新致すことで神様のご存在を改めて再確認し、その御神威の素晴らしさを人間が仰がせていただくという、最大にして尊貴な大神事です。その際、御神体をお遷《うつ》し申し上げる遷座祭《せんざさい》が行われますが、このときの精進潔斎は、私が経験した中で最も重いものでした。

まず一ヶ月間、自宅で前精進《まえしょうじん》が行われます。その間お社へは毎日上がるのですが、御用がすむと寄り道せずにすぐ帰宅し、一切の不浄に関わること、また「一字二字二足四足と茸《きのこ》」を口にすることが禁じられます。

つまり、ネギ（古くはネギをキと呼び、一文字であったことから）、ニラやヒル（二文字。ヒル＝ニンニク）、二足は鳥、そして四足は牛、馬、猪などを食することができないのです。女性との関係も一切禁止。お寺への立寄りもできません。お茶も、京の栂尾茶《とがのおちゃ》以外は口にできず、ウナギ、ドジョウ、スッポンなど泥にもぐるものも忌まれます。なぜ、茸がダメなのかはよくわかりません。

ところが、いくら私がこの期間、食物を慎んで野菜ばかりを食べていても、同じ火で息子が食べるハンバーグを調理したら、火を媒体として私もハンバーグを食べたことになってしまうのです。

記録によれば、江戸時代にはこんな話もあったようです。

春日社のある神官が、自宅で精進をしていたときのことです。神官は使用人に豆腐を買いに町へやらせますが、使用人は豆腐屋の主人と懇意で、すすめられるまま座敷に上がってお茶を飲み、帰宅後、主人と夕食を共にしました。ところが、実はこの豆腐屋さんは身内に不幸があり、前日葬儀に出向いて、その家でお茶を飲んでいたのです。そのため死の穢れが、使用人を介して神官に伝播してしまったのです。

ですから、一人の精進が成立するには、その家の者全員が協力しなければなりません。つまり、主人が使う火は別にして、他の人には異なる火を用いて調理しなければ、万全の対策とはならないのです。

「同じ釜の飯を食った仲」といいますが、これは単に共食するだけではありません。火を共にすることは、もっと大きな意味が込められているのです。

さらに、昔から大変苦心をされたのが、聖火を清らかに保つことです。水の場合なら、濁るなどするので清らかではないのが一目瞭然なのに対し、火の穢れは判別できません。いくら聖なる火を熾しても、火を保つ柴や薪《たきぎ》が清らかでなければ、せっかくの火が穢れてしまいます。

そこで春日社や興福寺では、神山である春日山からの薪を、山守の手によって保守管理したうえで伐《き》り採り、社寺に納入しておりました。このとき、薪が神聖であることを祝う芸能が行われましたが、これが「薪能」の始まりです。つまり薪能とは、本来火の神聖さを保つ薪を祝福するための行事なのです。

現在、全国に三百五十ヶ所に及ぶ薪能が開催されていると聞いていますが、ただ単に薪を焚いて演能しただけでは、本来の薪能にはなりません。そこには、火への信仰というもっと深遠な意味が存在するのです。

火は尊いもの。
清らかに保ちたい。
尊いものにはその扱いようがある

聖も俗も、火を媒体として伝播する

お米は神様から頂戴した大切なものです

○一粒の籾《もみ》をまけば其の年に千粒と成るなれば、一合をまけば一石となる、此一石翌年に千石となる。

「お米は世界中で最も素晴らしい穀物である」。かつてそう承った記憶があります。たしかに、耕地面積となる収穫量の多さやカロリーの高さから見ても、お米は優れた食べ物だそうです。

先述したように、日本人にとってお米は、神様から頂戴した大切な物です。

『日本書紀』とはなかなか厳密なもので、主とする伝承を「本文《ほんもん》」とするのに対し、諸家に伝承されている異なったお話は「一書《あるふみ》にいわく」とし、いくつも羅列して記載されております。その中に記されている「斎庭の神勅」は、お米の大切さを示す重要なものです。それは、神様が「お米を食べて生きていきなさい」と仰せられる意に解せられます。

さらにお米に関しては、『風土記《ふどき》』にもお話が残されています。

そもそも『風土記』という書物は、和銅六（七一三）年に諸国の地名や物産、土地の肥沃《ひよく》、さらには地名の由来、古老の伝承旧聞をまとめて提出させようとしたものです。現在ほぼ遺っているのは「五風土記」、つまり『常陸《ひたち》風土記』『播磨《はりま》風土記』『出雲《いずも》風土記』『豊後《ぶんご》風土記』『肥前《ひぜん》風土記』の五つです。その中で、完本は『出雲風土記』のみだといわれておりますが、平安時代以来数多《あまた》の註釈書や歌書、その他神道書に引用されて今に伝わっている断片もあり、これを「逸文《いつぶん》」と申します。実は浦島太郎の原話も、この『風土記』の中の『丹後《たんご》風土記』の逸文にあるお話なのです。

これからご紹介するのは、『山城国《やましろのくに》風土記逸文』として伝わるもので、お稲荷《いなり》さんの由来でもあります。

奈良時代の富豪、秦《はた》の伊呂具《いろぐ》という人は、かつて弓に興じる際、富にまかせてお餅を的としたそうです。冒頭で述べたように、お米は神様から頂戴した大切な食べ物ですから、そのお米から作ったお餅を的にするとは、恐ろしく罰当たりなことです。伊呂具が、その的に矢を射たところ、たちまちお餅が白い鳥になって飛び去ってしまいました。

　これを見た伊呂具は、己れの驕《おご》りを悔やみ、その後を追いかけます。伊呂具が白い鳥の留まる山の峰にたどり着くと、「伊禰奈利生《いねなりお》ひき」、つまり、稲が生えていました。そこで伊呂具の子孫はこの過ちを悔い改めて、その山の木を根から抜いて自宅に移し、丁寧にお祀りをしたそうです。その木が根付けば幸福が家に訪れるが、もしその木が枯れれば不幸が訪れるのだと記されています。

　これが全国のお稲荷さんの総本社、伏見稲荷大社のおこりです。加えて、この日が和銅元年の正月初午《はつうま》の日であったことから、今も初午には、全国でお稲荷さんのお祭りが丁重に行われております。明治まで、伏見稲荷の神主家は連綿と秦の伊呂具の子孫が勤めていました。

まさに稲からは、学ばせていただくことがたくさんあります。

また、たった一粒のお米が万粒にもなることを「一粒万倍」といいますが、このことはすべてに応用できるのではないでしょうか。

たとえば、最初はたった一滴の水がついに大海になるように、小さなことをコツコツと積み上げていく大切さを、お米から学ばせていただくこともできるでしょう。

小さなことの積み重ねが、
大きな結果をもたらす

日本人は、米を食べて生きてきた

コラム③　お金あれこれ

日本人は、昔からお金の贈答には意を尽くしてきました。それは、嬉しい存在であるものの、生々しい存在でもあるが故に、かえって人からは受け取りにくい物だからです。現金を包んだ紙の上に、「熨斗《のし》」を貼るのもそのためです。

かつて日本には鮑《あわび》を贈答とする風習がありました。その遺風を残し、後に鮑そのものを干したり、また煮汁の上滓《うえかす》を干したものを張りつけて「のしあわび」と呼んだのです。そして、本来は鮑を差し上げるところを、その代物として現金を贈るようになり、包み紙に熨斗をつけるようになりました。

神社へお金を寄進するときも、「御神饌料《ごしんせんりょう》」（お供物の代金のこと。このお金で後日お供え物を調達して、神様にお供えくださいの意味がある）や「玉串料」（玉串とは、紙垂《しで》という紙を切った物をつけた榊《さかき》の枝。その玉串を調達していただくための資金）として金封に誌《しる》します。

また、お葬式では「御香料」（死者に手向《たむ》ける御香の代物としてのお金）と、わざわざしたためます。いずれも、お金の扱いがいかに難しいか、かつ、大切に考えられてきたかがわかる事例です。

かつて宮中や大名家では、お金の単位は、一般庶民が用いた「両《りょう》」や「匁《もんめ》」ではなく、「疋《ひき》」が使われました。「疋」は、もともと絹の量を数える単位といわれます。一反は、並幅（反物の普通の幅で約三四センチ）で、和裁用のものさしである鯨尺の二丈六尺から二丈八尺（約一〇メートル）です。その二反分を一疋（匹）といいます。これは、馬一疋分と同価であったからとか、蚕《かいこ》一匹が吐き出す糸の分量だからといわれていますが、後に銭を数える単位に用いられ、一疋は銭十文となりました。江戸時代に書かれた『奇里雑談集』によれば、この換算の仕方は、犬追物《いぬおうもの》、つまり、犬を用いた騎射（騎上から弓で矢を射る練習）を行う際、雑役《ざつえき》をする人に支払う礼金が、犬一匹十銭（十文）であったからともいわれます。

その後、一疋は江戸時代に二十五文となり、明治には二十五銭となりました。ですから、一円は四疋です。「金一万疋」と書いてあれば、中身のお金は二千五百円ということになります。今も宮中では、この単位を伝統としてお使いになるようです。

余章

神主のひとりごと
より良い活き方をするために

努力は気づかれないところでするものです

お茶碗造りに初挑戦

私は何年か前から、「自然」とは何か、深く考えてみたいと思ってきました。こんなことがありました。お茶席で、みなさんがお茶碗の拝見をなさいます。お茶碗をひっくり返して必ず高台《こうだい》（茶碗の下につけられた脚部）をご覧になり、「イイお茶碗ですネェー」とうなられる。

しかし、どこが良いのか、また悪いのか、私にはサッパリわかりませんでした。人に聞いてもよくわからず、いろいろなお茶の先生にもお聞きしてみましたが、納得のいく答えは得られません。

そこで、「これは自分で造ってみたろ！」と考えて、お茶碗造りに挑むことに致しました。ただしプロではなく、趣味で良いお茶碗を造っておられる方に教えを乞おうと、東大寺の元管長で、現在長老になっておられる守屋《もりや》弘斎《こうさい》先生のところへ、友人三人とうかがうことにしたのです。

東大寺さんでは、塔頭《たつちゆう》僧侶（塔頭とは寺内にある小寺院のことを指します。本来は禅宗の呼び名で、奈良では古い呼称で子院《しいん》といいます）のことを「オカミ」とおっしゃいます。これは少し変わった発音で、「オカミ」と呼びます。

宮中でも陛下のことを「オカミ」と申されますが、昔は少し変わった発音であったと、宮廷研究者の羽倉尚敬先生がご指摘されていますから、あるいは東大寺あたりに古い発音が遺っているのかもしれません。

話をお茶碗造りに戻しましょう。

我々は、「守屋のオカミ」に懇願して、やっと土ひねりを許されました。オカミは大層親切な方で、毎月一回お招きくださり、ドンクサイ（愚鈍な）我々に手取り足取り教えてくださったのです。

初めは「板造り」、次に「紐《ひも》造り」と進み、ロクロにも一度だけ挑戦しましたが、とても私など手がつけられず、無茶苦茶になってしまいました。

後日このことを、若い頃からの友人で、奈良の伝統的な陶芸、赤膚《あかはだ》焼の窯元・尾西楽斎《おにしらくさい》氏に話したところ、「先生！　土は殺さなアキマヘン」。そういわれてしまいました。しかし、殺すどころか返り討ちに遭う私ですから、それ以来ロクロなどという恐ろしい技には手を出さず、謙虚に素人らしく、「紐造り」一筋で、お茶碗のみを四年間造らせていただきました。

陶芸を開始するにあたっては、オカミが粘土を丹念に「菊ねり」し、それを等分に切り分けてくださいます。そして、私どもが拙い手技をしている間、オカミは横でセッセとリンゴをむいてくださるのです。出来上がると適切なご指導と助言、ときには自ら手を加えてもくださいました。

それだけでなく、お茶やお菓子、そして前述のリンゴなども出してくださり、帰りにはお土産《みやげ》まで持たせてくださるのです。帰ってからも、我々の茶碗に釉薬《ゆうやく》をかけて焼いてくださり、完成品は家まで届けてくださいました。まさに至れり尽くせりの御親切で、そのうえ謝礼も一切お取りくださらないのです。

堪《たま》りかねた我々不肖の弟子三人は、せめてお礼のしるしにと、ある日スキヤキを企てました。寺院内のことで恐縮ではありましたが、それぞれ具材を持ち寄って、ささやかながら報恩の一端にと、スキヤキの宴《うたげ》を催したのです。しかし、卵を割る茶碗がありません。おそるおそるオカミにお茶碗の拝借を願い出ると、「そこらにある物を適当にお使いください」とおっしゃいます。そこで我々は、〝そこらにある〟オカミ作のお抹茶茶碗を取り集め、卵を割って宴会を致しました。

自己主張しているうちは素人

それから約一ヶ月後、自宅に送られてきた表千家の月刊誌『茶道』を何気なく見ていると、グラビアのカラーページに、どこかで見たことのあるお茶碗が載っていました。記憶をたどると、「コレ、この間卵を割って、糸こんにゃく食べた茶碗と違うかあ?」。そう思い至ったのです。

写真の説明には、〃守屋弘斎作〃とあります。なんとオカミは、あの宴の何日か後に、某有名百貨店で個展をされる予定で、そのためのお茶碗をいくつも造りおきされていたのです。そんなお茶碗を、使っていたとは……。私はすぐにお饅頭《まんじゅう》を持って、謝りにうかがいました。しかし、オカミはニコニコ笑われて、「よく洗っておきましたから」とおっしゃったのです。

そんな陶芸修業でしたが、会得できたことは、お茶碗の出来不出来は、まず高台の良し悪しが大切なポイントになる、ということです。

たとえば、我々素人の造ったお茶碗の高台は、「取って付けたように」なります。つまり、高台が自己主張をするのです。

しかし良いお茶碗の高台は、器と一体になり、まさに「自然」とその中に溶け込みます。そして、いわゆる下手なお茶碗には、高台に「不自然」さがあることに気づいたのです。

「自然」とは素晴らしい。改めてそう認識させられました。では、この「自然」さを醸し出すにはどうすれば良いのかということが、私の次の課題の一つとしてのしかかってきました。

自然なものには、「てらい」や「わざとらしさ」がありません。そうして「落ち着き」があり、「常日頃のくつろぎ」がある。それを努力せずしてやりおおせたら本物ですが、その境地に至るまでは、試行錯誤せねばなるまい。そう思うに至りました。それは、本物の「自然」へと至るための、いわば修練でもあるのだと。

以来、自然である「事」「物」、そして「人」に興味を持つようになりました。

たとえば、テレビに出ていて、肩を張らず、日常の会話のように話せる人は、元・毎日放送の角淳一アナウンサーです。「ちちんぷいぷい」という放送は、一時間や二時間見ていても、世間話を聞いているようで、とても自然体でした。

それから、お天気キャスターの森田正光さん。この方も実に普段通りの会話で、わざとらしさがまったくありません。

そして、NHKの「今夜も生《なま》でさだまさし」の中のさだまさしさんもまた、自然体です。

以前、さだまさしさんにお目にかかったとき、このお話を致しましたところ、さださんは、「こんなに難しい番組はありません。わざとダラダラした感じを出しているのです。本当にダラダラしたら見ていられませんから」とおっしゃいました。そして、「努めて自然な感じを出すほど、難しいことはありません」と、見事に言い放たれたのです。

つまり「自然さ」とは、そうとは気づかれずに努力をして演出する、実に素晴らしい営みなのです。

究極は自然です

気づかせない人が達人

前項に関連した話です。

世の中に「要領の良いヤツ」と評される人がいます。しかし、こんなに要領の悪い人はいません。本当に要領の良いヤツは、自分の要領の良さを見抜かれはしないからです。つまり、要領の良いことすら人に感じさせないヤツこそ、本物の「要領の良いヤツ」なのです。

同様に、本当に自然な人は、地で行っているのか、あるいは究極の演技なのか、そのどちらかではないでしょうか。ですから、自然さが鼻につかない、気づかせない人ほど達人といえるでしょう。

以前タクシーに乗ったときのことです。

タクシーの運転手さんは、「水揚げ（収入）」次第のお仕事です。そのため夜中まで走る人、無線連絡を数多く受けて走る人、食事の時間も惜しんで走る人など、みなさんがそれぞれ工夫をして、苦労しておられます。ですから、客待ちもたいてい大きな駅でするものですが、奈良には、寂しい駅でありながら、水揚げが群を抜く女性の運転手さんがいることを知りました。しかも、彼女は家事があるため、夜は走りません。夕方で帰宅をされます。それでも、明け方まで走っている運転手が追いつけない水揚げだ、とのことでした。

勉強はどこででもできる

彼女の水揚げが群を抜くのはなぜだろう。私は不思議に思い、調べてみたのです。彼女の場合は、「とにかく親切だ」ということがわかりました。しかも、それを知った人が真似をするが敵《かな》わない、どこに秘訣があるのかわからない。そんな親切です。

さらに、その女性の弟さんも、お姉さんの勧めでタクシーの運転手をされているとお聞きし、たまたまこの弟さんの車に乗り合わせたとき、さりげなく聞いてみたのです。

「お姉さんは、体の不自由な方のお世話をするなどの講習を受けられたのですか?」。すると弟さんは、「実はウチの母は体が不自由で、姉は小さいときから、母の世話をずっとしていたんですよ」とおっしゃったのです。つまりお姉さんは、体の不自由な方のお世話が、自然にできる人だったわけです。

老人と暮らした経験のある者は、杖をついて階段を登っておられるお年寄りを見たら、フト手が出るものです。体が自然に動いてしまうのでしょう。

ところが、そんな経験のない人は、手を出そうともしません。たとえ手を出してもギコチないもので、不自然さが隠せません。

自然に行動するから相手に温かさが伝わり、相手からも難なく受け入れられるのでしょう。

何でも打算でする行為は、ワザとらしく、臭みがあるものです。まして目に見えない世界に通じることはできません。

自然体での行為には、打算がありません。あるのは心からなる親切であり、のです。それだからこそ、人の心に響き、神仏の嘉《よみ》されるところとなるのです。そこには、「冥加」（目に見えない世界から加わるお慈悲）があるわけです。

こんな境地へと至るには、修練を積まなければなりません。そうしてやがて、本物へと成長していくのです。

しかし、タクシーに乗っても勉強はできるもの。人間その気になれば、どこでも勉強できるのです。どこにでも気づきはあります。

親からいただいた恩に報いるとき

親になるとき、親を思うとき

最近平気で子に虐待を加え、死に至らしむる無慈悲な親が増えています。無抵抗な子を親が殺す。こんな恐ろしい行為はありうべからざる所業であり、いたましい限りです。

思うに、子供を産み、育てるには、「子を授かる資格」「親になる資格」を備えていることが必要なのではないでしょうか。

そもそも、女性はお産のとき、なぜあのような痛い苦しい思いをしなければならないのでしょう。天から授かった子供を世に送り出すのです。もっと歓喜に満ちた瑞々《みずみず》しい形で、子供を産み出してやることはできないのでしょうか。そんなことを、以前家内のお産に立ち会ったとき、フト思ったことがあります。

しかし神様は、死と隣り合わせのような苦痛を母となる女性に与えることで、どれだけ子が大切なものかを体感させ、さらに我が身を分けた子であるという決意と覚悟を知らしめるため、あえて命懸けで恐ろしい思いをさせられるのではなかろうかと思うに至りました。

出産を通して、母となる女性は、これから歩み出す子育ての旅への覚悟を、身をもって決意させられるのに違いありません。こうして「母となる資格」が与えられるのです。ですから男性も、「子は命に代わるもの」との自覚を持たなければなりません。

子を持つ心構え、親になる心得がなければ、子供をきちんと育てられないのではないでしょうか。よしやそれがなくとも、年老いた両親、祖父母が教え、たしなめていかなければ、子育てをする若い夫婦は正しい方向へと進めません。ここで老人の力の大切さを思うべきでしょう。

第二章で紹介した『父母恩重経』の「十種の恩徳」でも、「如何にして報ゆべき」、つまり、「これほどの御恩をどのようにしてお返しすればよいのだろうか」と述べた後、現実に立ちふさがる状態についての記述があるのです。少し難しいですが、原文の格調を知っていただくため、あえてそのままお示ししておきましょう。

「然るに長《ちょう》じて人となれば、声を抗《あ》げ気を怒らして、父の言《ことば》に順《したが》わず、母の言《ことば》にいかりを含む、既にして婦妻《ふさい》を娶《めと》れば、父母《ちちはは》にそむき違《たが》うこと恩無き人の如く、兄弟を憎み嫌うこと怨みある者が如し、妻の親族訪《と》い来れば、堂に昇《のぼ》せて饗応《きようおう》し、室《しつ》に入れて歓晤《かんご》す、嗚呼《ああ》、噫嗟《ああ》、衆生顚倒《しゆじようてんどう》して親しき者は却《かえ》りて疎み、疎き者は却《かえ》りて親しむ」

（十種の恩徳を受けて成長しても、父の忠告に逆上し、母の言葉に怒声を浴びせ、妻帯すればますます反逆する。我が身内を嫌い、妻の身内はいとおしむ。なんということだ。皆々順序を乱し、本末は転倒する。近き者を疎略にし、遠き者、相親しむのである）

千年前も現在も、同じなのは人間です。人は同じことを繰り返すから、歴史には学ばなければならないことがたくさんあるのです。

「いつまでもあると思うな、親と金。ないと思うな、運と災難」と申します。親孝行は、親が元気なうちになすべきことではありますが、親しすぎて、ついできないこともあるでしょう。お互いに心したいものです。

親孝行すると地獄に堕《お》ちない

さらに、子が親を殺す。こんな記事も、新聞でしばしば見受けられるようになりました。まことに恐ろしい世の中です。

かつて親殺しは、「死して地獄に堕する」といわれ、恐れられてきました。親を殺すことは、「八大地獄（地獄に八つの形態がある）」の中でも最も恐ろしい「無間《むけん》地獄（地獄の最下層に位置し、真っ逆さまに落ち続けて到着するまで二千年かかるといわれている）」に堕ち、間断なく恐ろしい責苦に襲われ、罪を償い続けねばならないとされるほど、大罪中の大罪と思われていたのです。

地獄界の様子は、鎌倉時代に制作され、かつて春日社に奉納された『春日権現験記』という絵巻物にも描かれています。この絵巻物は、かつては厳重に神庫に納められ、神官でも四十歳に満たないと、拝見を許されることはなかったと伝えられる大切な物です。

ちなみに絵巻とは、おおよそ社寺の縁起（物事のおこりや起源由来）を誌してあるものですが、この絵巻は霊験談を集めた実話集で、その中の「狛行《こまのゆき》光事《みつのこと》」というお話に、地獄絵巻が出てくるのです。

狛氏とは、朝鮮半島の高麗から日本へ帰化された一族で、奈良の雅楽は、この狛氏によって演奏され、伝承されてきました。

行光は実在の人物で、保安《ほうあん》三（一一二二）年に狛行高《こまのゆきたか》の養子となり、仁平《にんぺい》二（一一五二）年に没しています。十六歳のとき「賀殿《かてん》」という芽出《めで》たい曲の伝授を受け、以後、折々に春日の社に詣でては、人に見られぬよう密かにこの曲を神様のために舞って、奉納し続けたといわれています。その行光が、あるとき重病にかかり、死んでしまうのです。

行光がフト目を開きますと、閻魔《えんま》大王の前に小さくなって座らされています。目の前には、八つの形相があるといわれる地獄層のうち、どの階層に自分が堕ちるかの判定が映し出される浄玻璃《じょうはり》の鏡がありました。

その判定が今にも行われようとしたときです。どこからともなく気高い男性が入ってこられ、大王の座へと昇られました。すかさず大王はひれ伏し、お迎えをいたします。男性は王にこう仰せられました。「この男われに忠節ふかし、生年《しょうねん》十六歳よりこのかた、その志いまだかはらず、ねがはくば我にゆるすべし」

つまり、「この男は私に心から仕えている者だ。十六歳よりその心は変わらない。私に免じて許してやってくれないか」。そう仰せられたのです。大王がお言葉に従ったのはいうまでもありません。

男性は行光を連れて、閻魔王宮をお出になります。そのとき行光は、あまりの不思議さに、男性に恐る恐るお尋ねします。「私が許されましたのは、すべてあなた様のお慈悲のお陰でございます。いったいあなた様はどなた様でございましょうか」

すると男性は、「我は春日大明神なり」と仰せられたのです。春日の神様

（春日様）は、長年行光が、自分の名を高めるためではなく、密かに神前で、真心をこめて舞い続けてきた、その信仰心をお褒めになり、わざわざ地獄まで行光を助けに赴かれたのでした。

春日様は、「汝もし地獄や見たき（お前は地獄を見たいか）」。行光にそうお声をかけられます。行光は願うところと、春日様のお供をしてつぶさに地獄見物の旅に出ますが、そのとき見た、目を覆うばかりの悲惨な地獄絵巻が、後に『春日権現験記』の中で繰り広げられることになるのです。

行光はあまりの恐ろしさに、春日様のお袖にすがって尋ねます。「いかなる方便にてかは、此の報いをまぬがるべき」。つまり、「いかがな手だてを講じますれば、地獄へ堕ちることをまぬがれることができましょうか」と。

すると春日様は、「父母に孝養すべし、けうようは最上の功徳なり。もしよくつとむれば、地獄に堕ちず」と、涼やかな声でお教えくださるのでした。

「けうよう」とは、父母に対する孝行である「孝養」のこと。これこそが、あらゆる科《とが》を免れる素晴らしい徳であることを、春日の神様は仰せられたのです。こうして行光は生き返り、この出来事を人々に語って聞かせたということです。

市井にこそ、素晴らしい人が潜んでいます

本物を観《み》る、本物を聴《き》く、本物を識《し》る

私は「この人が達人だとわかる人こそ、達人」だと思っています。

世の中には偽装がいっぱいあるものです。「あたかも」という人もいて、そんな連中こそ前へ前へと出てきます。

対して、本当の実力を持つ人、技のある人は、隠れた所でなすことをなしています。しかし、人は華やかなほうに目を向けてしまいますから、本物がわかりません。そんな経験をたくさんしてまいりました。市井にこそ、どんな素晴らしい人が潜んでいるかわからないのです。ですから常日頃より、本

物を観る鑑識と鑑識眼を養っておかなければなりません。

そのためには、体験と良い師匠が必要です。

「弟子は師の半分」というように、五十の力しか持ち合わせていない師匠につくと、弟子は二十五しか身につきません。しかし、二百の力を持つ師につけば、自らは百の力を得ることができます。その良い師にめぐりあうことが、至難の業でもあるのです。まさにご縁としかいいようがありません。

悪い師を仰ぎ、一生を棒に振った人もたくさんいます。姿や形という表面にとらわれず、人の本質を見極めないと、肩書きに翻弄されてしまうでしょう。肩書きと中身は、まったく違うのです。

人を観る鑑識眼については、子母澤寛《しもざわかん》の『ふところ手帖』に大変おもしろく、役に立つお話があります。

そもそも子母澤寛という人は新聞記者出身で、ふところに手帖を忍ばせ、いろいろな人から丹念に聞き取りをした人です。記者にとって聞き取りは、いわばお家芸。ですから、あらゆる小説のネタになる話を、子母澤氏は足にまかせて忠実に取材したのです。その中で、実在の人物として掘り出してきたのが、あの「座頭市」であり、新撰組も氏によって大いに世に出されたといいます。

そんな子母澤氏が、取材したいくつかを随筆にまとめたのが『ふところ手帖』です。もちろんこれも実際に調査したうえで書かれており、しかもまことに貴重にして胸にしみいるお話が多いことから、私はこの文庫本を座右に置いているのです。

名剣士の凄《すご》さがわかる人、わからない人

その『ふところ手帖』の中に、「兵法名人番付」というお話があります。これは、幕末期に古今の名剣士と称された男谷《おたに》精一郎（後の男谷下総守信友《しもふさのかみのぶとも》）という人の話で、彼は御家人から幕府講武所の師範役となり、ついには三千石の禄高を持つ〝大身〟という身分の高い待遇を受け、元治元年、六十七歳で没しました。

若いときは無茶もやったそうですが、二十歳前後からガラリと人が変わり、学問もやれば兵学もやる。また剣はもとより、槍・弓・柔術・鎖鎌・杖術《じようじゆつ》すべて免許を取るといった具合で、これらの修練が、後に剣術へ集結されたのだといいます。

その精一郎と手合わせすると、相手はいつの間にか負けているというのです。しかも、どこをいつの間に打たれたかさえもわからず、面を取れば滝のように汗が流れ落ち、目はくらんで膝もガクガクしてしまうといわれていました。

そんな稀代《きたい》の剣豪でありながら、精一郎の温容（穏やかで温かみのある顔つき）は慈父（慈しみ深い父親）のようで、生涯夫人や召使いを一度たりとも叱ったことがなく、また往来を歩けば、野良犬が後を慕ってゾロゾロついてきたという話まであるほどです。

さらに酒を好み、山歩きも非常に好きだった精一郎は、若い頃からよく秩父《ちちぶ》の山々へ出かけたといいます。

これはそんな精一郎が、眼下に飛沫《しぶき》をとばすほどの急流を臨む崖の上を歩いていたときのお話です。

あるとき精一郎は、道幅が狭く、途中で人と出会っても、とてもすれ違うことができないような危険な場所で、深編笠をかぶり、木刀を斜めに背負った剣術修行の侍三人に、前を立ちふさがれてしまいました。

三人連れは故意に精一郎に近づくと、「馬鹿者！　下がれ」と、怒鳴りつけます。

精一郎は、「いかがであろう。互いに抱き合って、体をくるっと回せば通行ができましょう」というのですが、三人連れは「黙って下がれ！　それがいやなら、我々の股の下をくぐれ」とニヤニヤ笑うばかり。そこで精一郎は、「そうしましょう」と顔色一つ変えずに、三人の股の下をくぐって、後も見ずに歩き去ってしまったといいます。

呆気《あっけ》にとられた三人は、しばらくその場に立ち尽くしていましたが、やがて三者三様の反応を見せ始めます。

すなわち、一人は「なんてぇ意気地のねえやつだ」といい、一人は「イヤ、おれはあいつが股の下をくぐるとき、体中がゾーッとして凍るような気がした」、そういったのです。またもう一人は、「おれもこんなに冷や汗をかいた」といって、しばらくその場を動けなかったといいます。

ちなみに、この話には後日談があり、このとき冷や汗をかいた二人、つまり比留間波之助と和田斧太郎は、文政三年四月十三日に、男谷精一郎に入門を果たしました。おそらく入門しなかったのは、男谷の凄さがわからなかった侍でしょう。

こんな人が本当に日本には居たのです。そして、私もこんな人になりたいものだと、いつもあこがれています。

参考文献

水野南北『南北相法極意・相法脩身録』南北蔵版、文化十（一八一三）年
水野南北『南北相法極意修身録』人間医学社、一九五二年
神坂次郎『だまってすわれば　観相師・水野南北一代』新潮社、一九八八年
牧野正恭・田中一郎『浪速の相聖・水野南北とその思想』大阪春秋社、一九九八年
子母澤寛『ふところ手帖』中公新書、一九七五年
仁科邦男『犬の伊勢参り』平凡社新書、二〇一三年
司馬遷『史記』中国古典文学大系　平凡社、一九七四年
小倉芳彦訳『春秋左氏伝』岩波文庫、一九九二年

この作品は二〇一五年七月小社より刊行された『神様が持たせてくれた弁当箱』を改題したものです。

幻冬舎文庫

●最新刊

あの世へ逝く力

小林玖仁男

死にも〝技術〟が必要です──。余命2年半の料理屋の主人が、絶望の淵をさまよった末に、「終活」より重要な〝死の真実〟にたどりついた。最後の時を悔いなく迎えるための心の整え方。

●好評既刊

もう怒らないレッスン

和田秀樹

些細なことですぐイライラ。そんな自分に嫌気がさしていませんか。自身も怒りっぽい性格に悩み、研究を重ねた精神科医が教える「ためない、爆発しない、翻弄されない」24の大人のメソッド。

●好評既刊

この世に命を授かりもうして

酒井雄哉

「工夫して、失敗して、納得する」「一期一会は不意打ちで来る」「命は預かりもの」。荒行・千日回峰行を二度満行した「稀代の行者」が自らの命と向き合って感得した人生の知恵。

●好評既刊

一〇三歳になってわかったこと 人生は一人でも面白い

篠田桃紅

「いつ死んでもいい」なんて嘘。生きているかぎり、人間は未完成。世界最高齢の現代美術家が、「百歳はこの世の治外法権」「どうしたら死は怖くなくなるのか」など、人生を独特の視点で解く。

●好評既刊

明日この世を去るとしても、今日の花に水をあげなさい

樋野興夫

「たった2時間の命にも役割がある」「大切なものはゴミ箱にある」──3千人以上のがん患者、家族に生きる希望を与えた「がん哲学外来」創始者、心揺さぶる言葉の処方箋。

天《てん》が教《おし》えてくれた幸《しあわ》せの見《み》つけ方《かた》

岡本彰夫《おかもとあきお》

平成30年4月10日　初版発行

発行人――石原正康
編集人――袖山満一子
発行所――株式会社幻冬舎
〒151-0051東京都渋谷区千駄ヶ谷4-9-7
電話　03(5411)6222(営業)
　　　03(5411)6211(編集)
　　　振替00120-8-767643

印刷・製本―中央精版印刷株式会社
装丁者――高橋雅之

幻冬舎文庫

ISBN978-4-344-42740-2　C0195　心-11-1

幻冬舎ホームページアドレス　http://www.gentosha.co.jp/
この本に関するご意見・ご感想をメールでお寄せいただく場合は、
comment@gentosha.co.jpまで。